DIÁLOGOS ANTIPUNITIVISTAS

Marco Mondaini (org.)

DIÁLOGOS ANTIPUNITIVISTAS

FACEPE
Fundação de Amparo à Ciência e Tecnologia do Estado de Pernambuco

alameda

Edição: Haroldo Ceravolo Sereza & Joana Monteleone
Projeto gráfico, diagramação e capa: Betânia Santos
Assistente acadêmica: Tamara Santos
Revisão: Alexandra Colontini
Imagem da capa: Jeremy Bishop na Unsplash

CIP-BRASIL. CATALOGAÇÃO NA PUBLICAÇÃO
SINDICATO NACIONAL DOS EDITORES DE LIVROS, RJ

D527

Diálogos antipunitivistas / organização Marco Mondaini. - 1. ed. - São Paulo : Alameda, 2025.
166 p. ; 21 cm.

Inclui bibliografia
ISBN 978-65-5966-325-5

1. Pena (Direito) - Brasil. 3. Punição. 4. Sistema prisional. I. Mondaini, Marco.

25-96323 CDU: 343.8(81)

Meri Gleice Rodrigues de Souza - Bibliotecária - CRB-7/6439

ALAMEDA CASA EDITORIAL
Rua Treze de Maio, 353 – Bela Vista
CEP: 01327-000 – São Paulo – SP
Tel.: (11) 3012-2403
www.alamedaeditorial.com.br

SUMÁRIO

PREFÁCIO

Nilo Batista

Antes de mais nada é preciso enfatizar a proeza que Marco Mondaini realizou com este volume, nele reunindo alguns dos mais destacados representantes do pensamento criminológico crítico brasileiro e latino-americano e também, como a garantir a continuidade dessa corrente, três jovens talentosas pesquisadoras. Essa proeza não pode ser explicada apenas pela densa formação acadêmica do organizador do livro, que transita entre a história e o serviço social; afinal, muitos historiadores e assistentes sociais competentes parecem desinteressados pela sangrenta contribuição do sistema penal à tragédia social brasileira. Talvez a sensibilidade de Marco Mondaini para a questão criminal, para além de muita leitura de criminologia que suas perguntas desvelam, tenha sido estimulada por sua caminhada semanal pelas trilhas da democracia, ao observar curvas e pedras bem pouco democráticas.

A primeira entrevistada, Vera Malaguti, expõe – com a habitual clarividência de suas análises político-criminais – as raízes históricas de sua influente reflexão criminológica: o aparentemente inexaurível legado escravista, que faz a polícia enxergar o quilombo de Manoel Congo em qualquer favela e farejar "atitude suspeita" em qualquer garoto preto andando por um bairro rico. A indiferença de setores políticos do campo progressista à brutalidade policial é por ela vista como extemporânea desqualificação do lumpesinato, numa quadra histórica na qual a própria classe trabalhadora vê-se deformada por modelos de exploração ainda mais perversos. A criminalização das economias populares, especialmente do comércio de drogas tornadas ilícitas, é por ela abordada com crítica contundente à recente decisão do Supremo Tribunal Federal, que "não entra no cerne do problema" e, cá para nós, seria um avanço nos anos setenta do século passado, e hoje é – também a história não socorre os dorminhocos – um retrocesso que não altera nada do fracassado e mortífero proibicionismo. *Rectius*: é um fracasso para suas finalidades ostensivas, mas é um sucesso para manter o empoderamento das polícias, conferir pretexto legal para invadir domicílios pobres, extorquir lucros e legitimar execuções policiais (basta dizer que o morto era traficante, mesmo sem exibir a condenação). Essa polícia "capturada pelo paradigma bélico" não tem reforma possível, e Vera Malaguti acaba de organizar um livro cujo título é *Sem Polícia*: temos que deixar o discurso "odeio polícia" e refletir sobre sua superação por algo institucionalmente muito diferente e melhor.

Marília Montenegro, autoridade acadêmica em violência de gênero, expõe sua pedagógica fórmula para denunciar a esquizofrenia dos sistemas penais contemporâneos, fraturados entre prisão ("para os mesmos") e penas alternativas à prisão ("para os outros"), sendo certo que o advento das segundas não reduziu minimamente a utilização da primeira (mas certamente aumentou o controle do sistema penal sobre a população). Essa mesma esquizofrenia se reapresenta na ambiguidade dessa expressão tão desgastada e talvez inaproveitável: *segurança pública*, que na forma do policiamento urbano produz simultaneamente "bairros beneficiados" e "bairros oprimidos". Marília registra a resistência de muitos juízes e tribunais à audiência de custódia, e poderia ter mencionado o sono trienal do juiz de garantias numa gaveta do Supremo Tribunal Federal. A relevância de um adequado exame técnico-jurídico da absoluta necessidade da prisão cautelar, por ocasião da audiência de custódia, deriva da constatação de que réus presos são estatisticamente muito mais condenados que réus soltos. Indo para a violência doméstica, é curioso recordar que, quando se quis agravar o sofrimento penal de condenados impedindo a aplicação de sanções meramente patrimoniais, a expressão "cesta-base" era usada depreciativamente (no sentido de algo pouco valioso como retribuição) pelos partidários da agravação, seres que vivem nas nuvens. Na realidade brasileira a mulher-vítima era revitimizada orçamentariamente sempre que a economia familiar era golpeada pela compra de uma cesta básica que o companheiro-ofensor devia oferecer a Têmis. Entre as tantas observações sobre os Juizados de violência doméstica seleciono aquela da qual tantas outras derivam: estão tais Juizados "apropriados pela lógica do direito penal". Não encerro este tópico sem mencionar duas lembranças do próprio organizador do livro em sua conversa com Marília: o figurino do estereótipo utilizado nas aulas sobre abordagem da polícia militar e a relevância do álcool em comparação com as drogas ilícitas; Mondaini está com o olhar do criminólogo crítico.

A entrevista com a grande mestra da Criminologia brasileira Vera Andrade (que é também exímia penalista) é repleta de lições, a começar pela advertência de que a contraface do(s) abolicionismo(s) é o "eficientismo penal, o punitivismo populista em expansão", e não o garantismo, a despeito de algumas turras teóricas. O leitor ganha de presente uma fundamentada menção aos diversos abolicionismos como introdução a um amplo painel do estado de arte da justiça restaurativa no Brasil, a despeito da feroz resistência do sistema penal. Realmente, passar do modelo autoritário – quase arrogante – empregado por algumas das agências do sistema penal para um regime horizontalizado, no qual ofensor e ofendido refletem sobre seu conflito e sobre formas de superá-lo, parece impossível: a isto se opõe nossa "cultura punitiva fossilizada". Será indispensável "desempoderar o Judiciário", que com argumentos muito flexíveis provindos do neoconstitucionalismo não apenas consegue driblar a Constituição (recorde-se a Corte Suprema perante a presunção de inocência), como às vezes legisla e outras vezes decreta.

É difícil categorizar Cecília Coimbra. Esta heroica brasileira, presa e torturada por resistir à ditadura, dispõe de uma têmpera revolucionária que transparece de uma frase de sua entrevista: "quem espera nunca alcança". Esta grande militante foi fundadora e dirigente do Grupo Tortura Nunca Mais. Mas esta professora doutora de Psicologia trouxe notável contribuição ao mostrar como o punitivismo molda subjetividades. Seu percurso na direção do pensamento criminológico crítico, por ela relatado, teve o sentido de uma renúncia ao ódio do torturador que nos odiou, pela razão intransponível de não sermos iguais, de não nos alimentarmos do sofrimento alheio.

Cecília sabe tudo: "a prisão é sempre política", e "o punitivismo quer que todos nós sejamos policiais de todos nós". Cecília trabalha com desenvoltura entre "os dois braços do biopoder: medicalização e criminalização"; no campo das drogas ilícitas, o primeiro braço atende aos ricos compradores e o segundo aos pobres vendedores. A incompreensão de quadros políticos do campo progressista da questão criminal é por ela resolvida com apoio de Deleuze: "não existe governo de esquerda".

Raúl Zaffaroni é, sem favor, um dos maiores penalistas latino-americanos de todos os tempos. Para além de suas criativas contribuições à teoria do delito foi ele a liderança intelectual de nosso penalismo crítico, construído sobre a constatação de que os saberes criminológico e político-criminal são capazes de irrigar a dogmática jurídico-penal e converter desertos conceituais ressequidos em campos de flores. Sua entrevista, como sempre, é uma aula magistral sobre a seletividade estrutural dos sistemas penais ("o poder punitivo é representado segundo a vulnerabilidade das pessoas [...] mediante estereótipos"), com oportuna menção à seletividade dirigida (*lawfare*), que atingiu em nosso continente quadros políticos à esquerda (Lula, Cristina Kirchner, Rafael Correa, Evo Morales). Tenho no entanto dificuldades para aderir a sua opinião segundo a qual as democracias representativas formais mais ou menos dominadas pelo poder punitivo (expansão do sistema penal, presença relevante de policiais no Legislativo e no Executivo, Judiciário policizado, Forças Armadas orientados para a execução de tarefas policiais, repressão a manifestações civis, crença na pena como solução de todos os problemas etc) de nosso continente (pense-se por exemplo em El Salvador) não seriam propriamente Estados de polícia (conceito por ele restrito ao modelo *old-fashioned* do século XX, como o nazismo) mas tão somente "Estados fracos", assim predispostos a se verem colonizados pelo capital financeiro. Minha discordância reside na origem dessa fragilização, que para Raúl residiria na "destruição" de suas polícias, que teriam sofrido um processo de deterioração ao contacto de grupos mafiosos, com a emergência de justiceiros e milícias; por isso, o Estado teria perdido o famoso monopólio da violência legítima. Desde logo tenho dificuldades de trabalhar com o conceito weberiano porque em meu país – pense-se no escravismo (na colônia e no Império) primeiro e no coronelismo da República velha depois – nunca o poder punitivo foi exclusivamente público: senhores de escravizados e coronéis o exerceram com maior protagonismo do que qualquer funcionário público. Só no século XX a pena pública supera no Brasil as penas privadas, ainda permitindo contudo alguma concorrência colaborativa. Por outro lado, desde Vidigal até os assassinos de Marielle, a polícia brasileira é muito mais destruidora do que destrutível, e ultimamente constitui base eleitoral militante da extrema direita; no golpe contra Evo Morales e no tentado contra Lula não teve a polícia um papel fundamental? A lapidar definição de Raúl – "genocídio é um poder punitivo sem contenção" – aponta, no Brasil, para a polícia, frequentemente (pense-se nas chacinas) exercendo poder punitivo sem qualquer contenção, muito menos aquelas prescritas em lei. Mas confluo inteiramente com Raúl quanto ao invisível maestro que rege essa orquestra: ao contrário da célebre ária do Fausto, não é Satã e sim o capital vídeo-financeiro transnacional que conduz o baile. Na linha explorada por Cecília Coimbra temos a projeção da experiência penitenciária na subjetividade do infrator, na fórmula genial de Raúl: ao entrar, "eu roubei" ou "eu furtei"; ao sair, "eu sou ladrão".

Ana Luisa Barreto, Glauciene Farias e Clara Albuquerque, jovens e talentosas criminólogas que ao início de sua promissora carreira acadêmica sabem coisas que eu levei algumas décadas para aprender, complementam harmoniosamente este livro e nos enchem de alegria e esperança, porque sentimos que não predicamos em vão e que todas as nossas lutas terão no futuro combatentes mais preparadas e mais fortes.

Nilo Batista
Professor Emérito da Universidade do
Estado do Rio de Janeiro

NOTA DE APRESENTAÇÃO

Marco Mondaini

Diálogos Antipunitivistas é o segundo resultado bibliográfico da pesquisa por mim coordenada, durante os anos de 2022 e 2023, de título "Direitos Humanos e Sistema Prisional em Pernambuco: estratégias de prevenção à reincidência e combate à pobreza", financiada pela Fundação de Amparo à Ciência e Tecnologia do Estado de Pernambuco (FACEPE).

O livro reúne uma série de entrevistas[1] realizadas com cinco dos principais nomes da criminologia crítica brasileira e sul-americana e uma roda de diálogo com três jovens pesquisadoras, entre os meses de outubro e dezembro de 2023, no programa Trilhas da Democracia, veiculado semanalmen-

1 A transcrição das entrevistas do livro foi realizada, no primeiro semestre de 2024, pelos estudantes de graduação da Universidade Federal de Pernambuco (UFPE) Tainá Silva de Souza (Licenciatura em História) e Anderson Rodrigues da Silva (Bacharelado em Turismo), ambos bolsistas do Programa BIA – Bolsas de Incentivo Acadêmico, desenvolvido por meio de uma parceria firmada entre a Pró-Reitoria de Extensão e Cultura da UFPE (PROExC) e a Fundação de Amparo à Ciência e Tecnologia do Estado de Pernambuco (FACEPE).

te na TV247, TVT e Rádio Brasil de Fato, sob a minha coordenação, desde o início de 2019.

O/A leitor/a que tiver em mãos esse livro – e nos der o prazer da sua leitura – terá entrado em contato com um conjunto de reflexões provenientes dos campos do Direito, da Sociologia, da Psicologia, do Serviço Social e da História (o entrevistador), que têm em comum o fato de se posicionarem criticamente em relação aos saberes científicos e ao senso comum de cariz punitivista e sua principal expressão institucional na sociedade capitalista, nesses nossos tempos neoliberais – a prisão.

À GUISA DE INTRODUÇÃO
HISTORICIZAR AS PRISÕES PARA DERRUBAR SUAS GRADES

Marco Mondaini

Não há então natureza criminosa, mas jogos de força que, segundo a classe a que pertencem os indivíduos, os conduzirão ao poder ou à prisão [...].[1]

Michel Foucault

A governadora e a "arte" de enxugar gelo

Em entrevista à CNN Brasil exibida em 27 de abril de 2024, a governadora de Pernambuco, Raquel Lyra (PSDB), afirmou que o estado da federação por ela administrado desde janeiro de 2023 possuía o "pior sistema penitenciário do Brasil" e que, como solução para tal quadro, pretendia aumentar o número de vagas atualmente existente nas prisões estaduais.

1 FOUCAULT, Michel. *Vigiar e punir*. Nascimento da prisão. Petrópolis: Vozes, 2014, p. 284.

O reconhecimento da governadora é mais do que bem vindo, mas atrasado em pelo menos dez anos, desde que, no decorrer da década de 2010, acumularam-se inúmeras resoluções emitidas pela Corte Interamericana de Direitos Humanos ao Estado brasileiro em virtude das condições inumanas do Complexo Penitenciário do Curado, no Recife.

Tais inumanas condições do sistema penitenciário em Pernambuco são em parte determinadas pela mesma ordem de razões que fizeram o Brasil entrar na "era do encarceramento em massa", no início do século XXI, e que resultaram num salto da população carcerária nacional de 232.755, em 2000, para 832.295, em 2022 – um crescimento de mais de 350%.

Mas, para que um estado da federação passe a ter o "pior sistema penitenciário do Brasil", algo a mais precisou ser feito, para além do que foi realizado nos últimos 20/25 anos em todo Brasil. E esse algo a mais tem nome, sobrenome, paternidade e ano de nascimento: a política de segurança pública lançada pelo governador Eduardo Campos, em 2007 – o Pacto pela Vida.

No ano de 2015, a *Human Rights Watch*[2] já colocava o dedo na ferida de uma política que "funcionou como incentivo para que a polícia promovesse mais detenções e maior encarceramento", por intermédio do estabelecimento de "bonificações financeiras a policiais pelo alcance de metas relacionadas à apreensão de drogas e armas".

Os resultados negativos dessa política de encarceramento em massa, permeada pela cultura punitivista, são inúmeros e apontam na direção da violação dos direitos humanos da po-

2 Human Rights Watch. O Estado deixou o mal tomar conta. A crise do sistema prisional do estado de Pernambuco. 19 de outubro de 2015. <https://www.hrw.org/pt/report/2015/10/20/281914>

pulação negra, pobre, jovem e periférica de um estado que tem a metade da sua população situada abaixo da linha da pobreza.

Nada indica, porém, que, com o novo plano de segurança do estado lançado pela governadora do PSDB em 2023 – o Juntos pela Segurança –, a situação do sistema prisional pernambucano venha a superar as crônicas e cotidianas violações aos direitos humanos dos presos em todas as suas unidades, não apenas no Complexo do Curado acima citado.

Os veículos das polícias militar e civil já não circulam mais pelas vias públicas do estado de Pernambuco com os adesivos do Pacto pela Vida, pois já foram devidamente substituídos pelos adesivos do Juntos pela Segurança, mesmo antes que o detalhamento deste último tivesse sido apresentado em fins de 2023.

No entanto, tudo leva a crer que Raquel Lyra continua presa à conservadora e ineficaz ideia de que a solução para retirar o estado por ela governado da condição de "pior sistema penitenciário do país" encontra-se localizada no aumento do número de vagas atualmente existente nas prisões estaduais.

A governadora tucana equivoca-se da mesma maneira que a esmagadora maioria dos governantes brasileiros de todos os espectros políticos, pois a saída para este "labirinto da punição"[3] que é o sistema prisional não está situada na construção de mais celas, mas sim na implementação de uma política de segurança pública que possibilite a inversão das tendências de "encarceramento em massa" em vigor no Brasil, desde o início do século XXI, e em Pernambuco, desde o ano de 2007.

---

3 Ver: MONDAINI, Marco (org.). *Sistema Prisional*. O labirinto da punição. São Paulo: Alameda, 2024.

Se isso não for feito, a velha "arte" de enxugar gelo continuará em vigor, bem como as constantes violações aos direitos humanos dentro das cadeias, presídios e penitenciárias brasileiras, administradas por governantes de direita, centro e esquerda.

Desnaturalizar a prisão como foi feito com a desigualdade

O senso comum punitivista que se encontra por trás da ideia de que, a fim de que seja solucionado o problema da superlotação das prisões, faz-se preciso construir mais celas, alimenta-se de uma visão naturalizada dessa instituição responsável pela imposição de sofrimento aos despossuídos, desde o alvorecer do modo de produção capitalista.

Assim sendo, o esforço de combate e desconstrução do senso comum punitivista passa necessariamente pelo trabalho intelectual crítico de historicização do processo de edificação do seu eixo fundamental de sustentação – a prisão.

Um esforço necessário, ainda que não suficiente, para levar a cabo a utopia abolicionista penal, mas que requer o engajamento de todos aqueles que se situam nas proximidades daquele campo intelectual definido, no ano de 1937, pelo filósofo alemão Max Horkheimer, como "teoria crítica": uma teoria cujo "sentido não deve ser buscado na reprodução da sociedade atual, mas na sua transformação".[4]

Uma teoria cuja meta ("a realização do estado racional") "tem suas raízes na miséria do presente", a qual, porém, "não oferece a

4 HORKHEIMER, Max. "Teoria tradicional e teoria crítica" *in Os pensadores/Benjamin, Adorno, Horkheimer, Habermas*. São Paulo: Abril Cultural, 1980, p. 138.

imagem da sua superação" no seu modo de ser aparente, o que faz com que "a teoria que projeta essa imagem não trabalhe a serviço da realidade existente – ela exprime apenas o seu segredo".[5]

Não faltaríamos com a verdade ao afirmar que o impulso de revelação do "segredo da miséria do presente" contido na "teoria crítica" tem a sua certidão de nascimento no longínquo ano de 1754, quando, em função do concurso literário proposto pela Academia de Dijon com a pergunta "qual é a origem da desigualdade entre os homens, e é ela autorizada pela lei natural?", o filósofo genebrino Jean-Jacques Rousseau redigiu um clássico fundador do pensamento igualitarista na modernidade ocidental: o *Discurso sobre a origem e o os fundamentos da desigualdade entre os homens.*

A pergunta elaborada pela Academia de Dijon e a resposta contida no Discurso rousseauniano assinalaram uma transformação radical na forma de se observar a sociedade do Antigo Regime, à medida em que a visão de mundo responsável pela naturalização da desigualdade entre os seres humanos sofreu um abalo que abriria espaço para a compreensão dos processos históricos que estiveram presentes na sua gênese e desenvolvimento, ou seja, a historicização sem a qual a crítica à desigualdade social não teria ganhado vida e impulsionado jacobinos e socialistas dos mais variados matizes a lutar por uma sociedade igualitária, desde a Revolução Francesa de 1789.

Ao buscar a origem da desigualdade entre os homens na propriedade privada, Rousseau indicava a impossibilidade de se continuar a pensar as questões sociais como fenômenos eternos, naturais ou religiosos, e, ao romper com tal forma de

5 Ibid. p. 137.

pensar a realidade, lançava as sementes para a compreensão dos fatos sociais como processos históricos, ou seja, que não existiram no passado, tiveram a sua formação/consolidação no presente e podem desaparecer no futuro devido à conjunção entre as suas contradições internas e a ação transformadora dos seres humanos.

Nas palavras de Rousseau:

> A religião nos ordena a crer que, tendo o próprio Deus tirado os homens do estado de natureza logo depois da criação, são eles desiguais porque assim o desejou; ela não nos proíbe, no entanto, de formar conjecturas extraídas unicamente da natureza do homem e dos seres que o circundam, acerca do que se teria transformado o gênero humano se fora abandonado a si mesmo.[6]

"Abandonado a si mesmo", um determinado segmento do gênero humano acabou por criar a prisão e transforma-la no principal instrumento de punição da mesma modernidade ocidental iluminada pela obra revolucionária de Rousseau, como que a atestar a veracidade contida na afirmação de Michel Foucault, no seu *Vigiar e punir:* As 'Luzes' que descobriram as liberdades inventaram também as disciplinas.[7]

E, não por coincidência, a seminal revelação do "segredo" histórico da prisão viria à tona por intermédio da obra redigida, entre os tormentosos anos da década de 1930, por dois pesquisadores do Instituto Internacional de Pesquisas Sociais

---

6 ROUSSEAU, Jean-Jacques. "Discurso sobre a origem e os fundamentos da desigualdade entre os homens" *in Os pensadores/Rousseau*. São Paulo: Abril Cultural, 1980, p. 236.

7 FOUCAULT, Michel. *Vigiar e punir*. Nascimento da prisão. Petrópolis: Vozes, 2014, p. 214.

dirigido pelo acima citado Max Horkheimer, em meio à sua migração forçada da Alemanha aos Estados Unidos: *Punição e estrutura social, de* Georg Rusche e Otto Kirchheimer.[8]

Responsável pela idealização e redação da parte substancial do primeiro manuscrito do livro, Georg Rusche levou a cabo a tarefa de demonstrar a existência da "interrelação entre punição e o mercado de trabalho" – hipótese proposta pelo Instituto, quando este ainda se encontrava situado na cidade de Frankfurt.

Escrita *a posteriori* por Otto Kirchheimer, a introdução da obra desvela o "segredo" histórico da prisão ao afirmar que "a pena como tal não existe; existem somente sistemas de punição concretos e práticas penais específicas", ou seja, a pena não pode ser compreendida fora de um determinado contexto histórico, de uma precisa particularidade histórica.

Assim, ao contrário da forma de pensar dos penalistas liberais, situados no campo da teoria tradicional, defensores da tese de que "o propósito da pena é a proteção da sociedade", a teoria crítica de Rusche e Kirchheimer advogava a tese de que:

> [...] Todo sistema de produção tende a descobrir formas punitivas que correspondem às suas relações de produção. É, pois, necessário pesquisar a origem e a força dos sistemas penais, o uso e a rejeição de certas punições e a intensidade das práticas penais, uma vez que elas são determinadas por forças sociais, sobretudo por forças econômicas e, consequentemente, fiscais.[9]

Estando, pois, os variados sistemas de punição vinculados

---

8 RUSCHE, Georg & KIRCHHEIMER, Otto. *Punição e estrutura social.* Rio de Janeiro: Revan, 2004 (Coleção Pensamento Criminológico).

9 Ibid. p. 19-20.

aos diversos períodos de desenvolvimento econômico e suas correspondentes estruturas sociais, chegou-se à conclusão de que, após as práticas penais medievais de indenização e fiança, castigos corporais e penas capitais, em torno do século XVII, concomitantemente à transição do feudalismo ao capitalismo, o aprisionamento tornou-se a principal modalidade de punição de trabalhadores pobres que precisavam ser submetidos à nova condição de classe trabalhadora industrial, obrigada a colocar a sua força de trabalho à disposição da emergente classe social dominante constituída pela burguesia industrial – isso, por intermédio da imposição de mecanismos de disciplinarização dos seus corpos e mentes.

Dito de uma maneira menos imprecisa, nas situações em que os cultos do protestantismo calvinista não foram suficientemente capazes de persuadir os trabalhadores pobres sobre a necessidade da aceitação passiva do trabalho fabril, recorreu-se amplamente a medidas mais radicalmente drásticas, a exemplo das "casas de correção" – uma combinação entre as *poorhouses* (casas de assistências aos pobres) e as *workhouses* (oficinas de trabalho), "onde os mais resistentes eram forçados a forjar seu cotidiano de acordo com as necessidades da indústria"[10], que se afirmou como a protoforma do que viria a se constituir como o sistema prisional em todas as partes do mundo, à medida em que o modo de produção capitalista se universalizava.

Seguindo as trilhas abertas pelos frankfurtianos Georg Rusche e Otto Kirchheimer (e, também, pelo pós-estruturalista Michel Foucault), os professores italianos Dario Melossi e Massimo Pavarini dariam continuidade à mais que fundamental caminhada do

10 Ibid. p. 69.

estabelecimento de "uma conexão entre o surgimento do modo de produção capitalista e a origem da instituição carcerária moderna".[11]

Isso, fazendo duas advertências que, passados quase cinquenta anos da sua publicação em língua italiana, continuam atuais, ainda que apenas parcialmente.

Em primeiro lugar, o fato necessário para os propósitos da argumentação aqui desenvolvida de que "num sistema de produção pré-capitalista, o cárcere como pena não existe".[12]

Em segundo lugar (e aqui se localiza a limitação parcial, de caráter histórico, das advertências realizadas no livro publicado originalmente no ano de 1977), a afirmação de que estaria em curso a "desagregação da estrutura carcerária" – uma afirmação que cairia por terra em virtude do início do processo de encarceramento em massa, nos anos 1980, a partir dos Estados Unidos da América, mas que não invalidou a correta análise de que o capitalismo contemporâneo havia colocado em prática uma nova estrutura de controle da classe trabalhadora:

> [...] Os indivíduos não são mais encarcerados, eles continuam lá onde normalmente estão reclusos: fora da fábrica, no território. A estrutura da propaganda e dos mass media, uma nova e mais eficiente rede policial e de assistência social são os portadores do controle social neocapitalista. Deve-se controlar a cidade, a área urbana, este é o motivo de fundo que fez nascer, nos anos 1920, a moderna sociologia dos 'desvios' no melting pot americano. Ibid. p. 26.

---

11 MELOSSI, Dario & PAVARINI, Massimo. *Cárcere e fábrica.* As origens do sistema penitenciário (séculos XVI-XIX). Rio de Janeiro: Revan, 2006, p. 20 (Coleção Pensamento Criminológico).

12 Ibid. p. 21.

Coube àquele que talvez seja o mais destacado discípulo do sociólogo francês Pierre Bourdieu a iniciativa intelectual de iluminar a inversão mundial da tendência de diminuição da população prisional iniciada no último quarto do século XX.

Em *Punir os pobres*[13], Loïc Wacquant descortinou o processo levado a cabo a partir dos EUA de passagem da "gestão social da miséria" para a "gestão penal da miséria" – processo este que se generalizaria pelos países do Norte global ainda no século XX, chegando até as nações dependentes do Sul global, na virada do século XX ao século XXI.

No mesmo contexto histórico em que estavam sendo publicadas duas das obras que viriam a influenciar decisivamente a construção da criminologia crítica (*Vigiar e punir*, de Foucault, em 1975; *Cárcere e fábrica*, de Melossi e Pavarini, em 1977), forjava-se uma inflexão na forma pela qual o Estado capitalista vinha mantendo de pé as contradições existentes dentro de uma sociedade de classes compromissada com os direitos de cidadania, desde o fim da Segunda Guerra Mundial, a saber: ao invés de uma engenharia política apoiada na extensão dos direitos sociais e na ampliação das políticas públicas de enfrentamento à pobreza (o Estado de bem-estar social), uma outra assentada nas fórmulas econômicas neoliberais de retração dos investimentos em políticas sociais e de expansão das privatizações, junto ao robustecimento do braço punitivo do aparelho estatal (o Estado penal-neoliberal).

Resultado direto de tal inflexão gestada nos EUA – que se mantém hegemônica até os dias atuais –, o mundo passa-

13 WACQUANT, Loïc. *Punir os pobres*. A nova gestão da miséria nos Estados Unidos [A onda punitiva]. Rio de Janeiro: Revan, 2007 (Coleção Pensamento Criminológico).

ria a conviver com uma realidade caracterizada pela elevação desenfreada dos índices de empobrecimento e desigualdade social, bem como das taxas de encarceramento incidentes particularmente sobre uma "população sobrante" capturada em grande medida pela retrógrada política de "guerra às drogas" e constituída basicamente por homens, jovens, negros, imigrantes nos países do Norte global, de baixíssimas renda e escolaridade, residentes em favelas e territórios periféricos em geral.

Nas palavras de Loïc Wacquant, ao comentar a realidade prisional daquele que acabou por se tornar o país com a maior população carcerária do planeta:

> O que mudou durante este período não foi a natureza e a frequência da atividade criminosa, mas sim a atitude dos poderes públicos – e da classe média branca que constitui o grosso dos contingentes eleitorais – para com o proletariado e o subproletariado negro, escolhidos para se constituírem no principal alvo e junto aos quais o Estado penal se encarrega de reafirmar os imperativos cívicos do trabalho e da moralidade com tão mais vigor, que a precarização do emprego e a contração da caridade do Estado os colocam cada vez mais vulneráveis. Reforçada pelo viés de classe e de casta do sistema policial e judiciário, a austeridade penal visa e atinge as categorias mais afetadas pela austeridade econômica e social que se instaurou em reação à 'estagflação' dos anos 1970. Vale dizer que o aprisionamento de massa nos Estados Unidos não diz respeito tanto às 'classes perigosas' quanto às classes precárias em seu conjunto. Reencontrando a missão que era sua em suas origens históricas, a instituição carcerária serve, doravante, como principal instrumento de gestão da miséria na América.[14]

14 Ibid. p. 225-6.

É chegado o momento de encerrar a presente defesa da importância da desnaturalização da prisão, aqui compreendida enquanto condição fundamental para o seu enfrentamento político, mas não há como fazê-lo sem recorrer à filósofa estadunidense Angela Davis, que, do alto da sua capacidade reflexiva crítica, da sua experiência de dezoito meses como prisioneira e da sua militância abolicionista penal, sinalizou a existência do gigantesco obstáculo existente para a luta antiprisional no fato de se encarar a prisão "como um aspecto inevitável e permanente de nossa vida social", a qual, por ser "natural", "é extremamente difícil imaginar a vida sem ela".[15]

De forma semelhante ao que ocorreu com as lutas contra a desigualdade social levadas a cabo desde os séculos XVIII e XIX, inspiradas nas ideias de Rousseau, Marx e tantos outros pensadores democráticos e socialistas críticos da existência da propriedade privada, as lutas dos que defendem o fim das prisões esbarra num sólido imaginário social que, por desconhecer a historicidade da prisão como forma de punição produzida e reproduzida pelo modo de produção capitalista, acaba por caracteriza-las como descoladas completamente da realidade, utópicas no sentido pejorativo do termo, isto é, lutas assentadas em ideias irrealizáveis.

Não restam dúvidas de que o caminho das lutas antipunitivistas, em geral, e das lutas anticarcerárias, em particular, situam-se num espaço de enorme aspereza, mas, ao fim e ao cabo, a própria história, ainda que seja bastante áspera, sempre nos apresenta brechas (maiores ou menores) a serem aproveitadas num sentido disruptivo.

15 DAVIS, Angela. *Estarão as prisões obsoletas?* São Paulo: Difel, 2021, p. 9-10.

Poder, prisão, brechas

A epígrafe extraída do *Vigiar e punir* de Michel Foucault que abre as páginas introdutórias deste livro parece expressar uma visão maniqueísta das relações sociais e políticas que envolvem a história da punição na sua fase prisional, pois que, entre poder e prisão, foi sendo construído entre os séculos XVII e XX um vasto campo de prerrogativas individuais e sociais que se afirmaram em decorrência das lutas impulsionadas pelos ideais liberais, democráticos e socialistas, as quais acabaram por dar forma a uma não pequena rede protetiva de direitos humanos.

A rede de proteção individual e social dos direitos humanos continua se fazendo presente, mas nem mesmo os mais otimistas pensadores hão de negar o seu esgarçamento nos últimos cinquenta anos, decisivamente em função da ofensiva mundial do neoliberalismo e de um dos seus principais corolários – a gestão criminal da pobreza.

Escrita em 1975, quando o Estado penal neoliberal ainda não dava os seus primeiros sinais de vida, a alternativa apresentada por Foucault entre poder ou prisão, a depender da classe social na qual o indivíduo estivesse situado, ao contrário de maniqueísta, antecipa aquilo que, de maneira avassaladora, passaria a se impor como a tônica da era de encarceramento em massa da pobreza que atravessamos na atualidade.

Diálogos antipunitivistas nada mais é do que um grito de alerta dado por um pequeno agrupamento de defensoras e defensores dos direitos humanos diante desse cenário de barbárie social. Uma tentativa de, em meio a um dos momentos mais ásperos da história do pós-Segunda Guerra Mundial, não deixar que as, hoje, microscópicas brechas passíveis de ser aproveitadas no sentido disruptivo sejam interditadas de uma vez por todas.

CAPÍTULO 1
A "ONDA" PUNITIVISTA NO BRASIL

Vera Malaguti

Marco Mondaini: Professora Vera Malaguti, quando Michel Foucault publicou Vigiar e Punir, em 1975, as taxas de encarceramento na Europa e nos Estados Unidos se encontravam estabilizadas e até com uma tendência de declínio. O que fez com que, a partir de então, o encarceramento se tornasse de maneira acelerada um fenômeno de massa? O que fez com que nós entrássemos numa era de encarceramento de massa?

Vera Malaguti: Foi uma crise do capitalismo, a crise do petróleo de 1973, responsável pela inauguração dessa fase que chamamos de neoliberalismo. O livro do Foucault é muito calcado em cima do livro do Rusche, que é um livro escrito em 1938, mas que só foi traduzido nos anos 1960, em torno de 1968. Foucault é um leitor desse livro. E esse livro do Rusche demonstra como a prisão não é ontológica, não faz parte da natureza. Ela se relaciona diretamente com a gestão da mão de obra no capitalismo, com o processo de acumulação de capital. Então, nos anos 1970, houve uma grande crise que fez com que, por exemplo, nos Estados Unidos, você tivesse Ronald Reagan a partir dos anos 1980, e Margaret Thatcher na Inglaterra. E essa ideologia do capitalismo, essa ideologia conservadora, começa a apostar, por exemplo, na guerra às drogas, naquilo que Loïc Wacquant chama de criminalização da pobreza, de gestão criminalizante da miséria. Nos Estados Unidos, esse processo começa nos anos 1980, mas aqui no Brasil ele começa nos anos 1990, com a entrada do neoliberalismo por meio do governo Collor, que se solidificou mesmo no governo do Fernando Henrique Cardoso.

MM: É preciso fazer o registro, Vera, que a publicação no Brasil da obra do Rusche, que você acaba de fazer referência, como inúmeras outras obras do campo da criminologia crítica que nos ajudam a entender como é que se deu esse processo, foi fruto exatamente do Instituto Carioca de Criminologia, que tem à frente você e o professor Nilo Batista. Não podemos nunca esquecer que há ali uma espécie de biblioteca para quem tem o interesse de adentrar o campo da criminologia crítica, o horizonte de uma análise crítica sobre a prisão, entre outros tantos temas. Mas Vera, como é que se constitui esse senso comum punitivista? Como é que, na história do século XX, a punição passa a pautar o discurso de um conjunto de tendências políticas, as mais variadas possíveis, e não apenas de extrema-direita?

VM: Eu acho que nós temos, primeiro, umas âncoras históricas grandes no processo inquisitorial, na inquisição, na maneira, como diz a professora Gizlene Neder, não apenas de pensar a questão criminal, mas de sentir a questão criminal. A primeira prisão brasileira era uma prisão de escravos. Então essa fúria punitiva sempre se acirrou historicamente em momentos de tensão social. O Nilo Batista diz que os penalistas têm uma antena, um radar muito sensível para a conflitividade social, que é quando existe uma demanda maior por pena. Então, nós temos esse coração inquisitorial, nossas matrizes ibéricas. Eu tenho um artigo sobre isso que se chama Positivismo como Cultura, em que eu trabalho isso, as nossas matrizes ibéricas, na maneira de sentir e pensar a questão criminal.

Mas, para falar contemporaneamente, eu acho que a crise do capitalismo na América Latina, aquilo que foram consideradas as décadas perdidas, as décadas de 1980 e 1990, que geraram muito desemprego, ao mesmo tempo que houve um desmantelamento das políticas sociais, o desmantelamento do Estado Social, deu início, nesse momento, ao Estado Penal. Isso acontece no Brasil a partir também da política criminal de drogas, mas ela começa também pela ação da mídia. Nos anos 1980 e nos anos 1990, nós tínhamos uma mídia monopolizada. Agora, nós temos mais ou menos a ilusão de que não é monopolizada pelas redes sociais, mas de fato existe uma hegemonia, um toque conservador, um controle disso que está muito além de uma visão democrática da comunicação social. Mas, nos anos 1980 e 1990, foi inculcado, principalmente através da guerra contra as drogas. Eu escrevo sobre isso, tenho meu livro sobre drogas, que é o Difíceis Ganhos Fáceis, onde eu mostro como é construída a imagem do novo inimigo número um da segurança nacional no Brasil. Pense que nós estávamos na transição à democracia, da ditadura para a democracia. E a Rosa Del Olmo, a maior criminóloga latino-americana, uma venezuelana, tem um artigo que se chama Geopolítica das Drogas, que mostra como, na saída das ditaduras do Cone Sul, os Estados Unidos impingiram ao continente uma guerra às drogas que foi fazendo exatamente esse deslizamento do inimigo interno, do terrorista guerrilheiro, para o medo do crime e a figura do traficante que se personificava no menino pobre e preto das favelas, que, no fundo, na nossa memória coletiva escravista, vamos dizer assim, histórica, esse inimigo já estava lá, seja como os capoeiras, seja como os quilombolas, seja como sambistas. Existe um fio da história em que emerge esse medo que o morro vai descer. Então, em momentos de crise, os medos burgueses são acirrados e são condensados e dirigidos às populações pobres e periféricas.

MM: Vera, esse é um ponto de contato entre a história estadunidense e a história brasileira. Eu acho que o Wacquant aponta muito bem que, depois da luta pelos direitos civis dos afrodescendentes nos Estados Unidos, segue a criação histórica da guerra às drogas que leva ao encarceramento em massa da sua população negra. Então eu queria pedir a você que fizesse essa relação existente entre o nascimento, a criação da guerra às drogas nos Estados Unidos e a sua recepção no Brasil pós-constituição de 1988, exatamente nesse contexto dos anos 1980.

VM: Os Estados Unidos, como o Brasil, têm a perspectiva escravista. Há um livro maravilhoso da Michelle Alexander, que compara a guerra às drogas com o regime segregacionista do Jim Crow nos Estados Unidos. Ela até mostra que a guerra às drogas foi mais profunda nessa segregação, no sentido de manter a segregação. Mas o próprio movimento negro nos Estados Unidos – hoje existe até uma autocrítica com relação a isso – demorou para se dar conta de que a guerra às drogas, na verdade, era localizada na ponta do tráfico, na ponta pobre. E no Brasil, a mesma coisa. Como eu falei, nas décadas de 1980 e 1990, consideradas as décadas perdidas, você tem nas favelas e nas periferias do Brasil como um todo um colapso dos vínculos empregatícios, de emprego, de políticas públicas sociais. Então, o mercado do proibicionismo, o mercado das drogas ilícitas, recruta mão-de--obra entre os mais pobres, lógico. Os meninos de classe média não precisam disso para sobreviver. Tanto que eu trabalho – no texto que eu escrevi nos anos 1990 que foi a minha dissertação de mestrado – como esse recrutamento é completamente seletivo, como uma ponta pobre. E eu me lembro que naqueles anos 1990, no começo do ano 2000, todo problema continua. A discussão do Supremo Tribunal Federal hoje ainda é diferenciar o tráfico do consumo, como se isso fosse possível. Como pode haver consumo se não houver tráfico? Daí essa coisa de, vamos dizer assim, localizar nas favelas o tráfico, que foi bastante disseminada pela grande mídia. Há livros de comunicação, como o do Kleber Mendonça, que vão trabalhar o papel de um programa como Linha Direta. Ele tem agora um outro livro que mostra as edições do RJTV na implantação das UPPs. Então, tudo isso nos evocou aquilo que está lá no fundo da nossa memória coletiva, que é trabalhar os afrodescendentes, os descendentes do escravismo, como inimigos ou como perigo. Tanto que o positivismo, na virada do século XIX para o século XX, quando o escravismo tinha sido encerrado na mais longa abolição do planeta, criou o perigosismo – uma construção do positivismo no sentido de criminalizar aquelas populações que nunca foram incorporadas verdadeiramente, como nós vemos no Brasil até os dias de hoje, quando você pega não só os dados de quem mais morre, quem é mais preso, mas também os piores salários, os menos atendidos na saúde, essa população afrodescendente, e, também, na região Norte, os descendentes dos povos originários.

MM: Vera, há dois anos eu te entrevistei e lembro que, num determinado momento, você falou da lei de drogas que está em vigor hoje e que você havia participado de vários diálogos com parlamentares de esquerda, afirmando que "isso não iria acabar bem". Eu me recordo bem disso. A minha pergunta agora é se a decisão que parece se apontar no STF "vai acabar bem"? Você acha que ela é suficientemente capaz de reverter essa tendência de aprisionamento da juventude negra no Brasil?

VM: Acho que de jeito nenhum, porque ela vai incidir no mesmo erro da lei de 2006, que é tentar fazer uma descriminalização. E olha que isso já é difícil pra caramba, porque o conservadorismo é muito forte no Brasil. A grande questão é se você vai fazer o controle pela legalidade ou pela ilegalidade. Quando você coloca o proibicionismo, você não tem controle nenhum das substâncias. E acho que essa discussão no Supremo é uma discussão que não vai entrar no cerne do problema. Primeiro, nós estamos muito atrasados: vinte ou trinta anos atrasados nessa discussão, vinte ou trinta anos muito atrasados com relação a isso. Os próprios Estados Unidos já têm hoje a descriminalização, inclusive, para o uso recreativo muito forte. Mas a economia que foi se gerando, essa economia popular dessas estratégias de sobrevivência, não vai ser afetada. E quando você continua dizendo que vamos diferenciar o que é tráfico, você vai continuar incidindo onde a política criminal de drogas mais sangra, que é exatamente na periferia, na parte pobre, onde a venda de drogas e outras atividades ilícitas faz parte de uma economia que cresceu muito no Brasil nos últimos tempos. Então, essa discussão, para mim, no Supremo, é uma discussão que não vai mexer no cerne do problema.

MM: E, para além disso, Vera, permanece como tarefa do policial, do policial militar, o ato de ser a testemunha, ao mesmo tempo aquele que faz a apreensão, que indica qual o tipo penal, dizendo qual a carga que está acompanhando a pessoa que foi apreendida. Então, na verdade, continua tudo como antes. Ou seja, continua a permanência do papel do policial militar no ato de apreensão?

VM: Com certeza. E o que aconteceu com as nossas polícias ao longo desses anos de guerra contra as drogas é que elas foram todas capturadas pelo paradigma bélico. E não só os policiais, mas também o Ministério Público e o Judiciário. Hoje, os juízes são combatentes contra o crime, contra o mal, e não supervisores da Constituição, da legalidade das apreensões. Tanto que nós realizamos na UERJ um seminário sobre audiências de custódia, que eram uma medida bastante interessante, mas que foram capturadas por essa mentalidade que se expandiu não só nas polícias, mas nas polícias barbaramente. Você pega no Rio de Janeiro a polícia militar, mas você pega o choque, o BOPE e as tropas como combatentes na guerra contra as drogas, mas você pega também a polícia civil, com o CORE, por exemplo, que é uma máquina de guerra. No último governo, até mesmo a polícia rodoviária federal. Então, enquanto droga for um caso de polícia – enquanto algumas substâncias, porque outras drogas são compradas na farmácia, reguladas pelas receitas médicas, que é uma maneira de regular pela legalidade – é porque há um discurso moral a sustentar. E, lógico, a direita conservadora fascista se apropriou disso, mas a esquerda também nunca entendeu isso, sempre trabalhou, de uma certa forma, as economias populares dentro do equívoco que vem de lá de longe, que é o equívoco do lúmpen, de não considerar os trabalhadores não organizados como classe trabalhadora.

Isso ocorre quando pegamos toda a teoria marxista e a traduzimos a ferro e fogo para a realidade brasileira. Marx é um homem do seu tempo, um maravilhoso filósofo que trabalhou a mais profunda crítica ao processo de acumulação de capital, mas a constituição do mercado de trabalho no Brasil é completamente diferente no tempo e das condições da Europa que Marx estava trabalhando. Então, abrasileirar isso antropofagicamente, digerir as teorias que vêm do Norte, inclusive o marxismo, no sentido de compreender o que é o capitalismo na periferia, como é que o processo de acumulação de capital se dá, como é que se constitui a força de trabalho. Isso é um desafio para nós nos dias de hoje, quando você tem a uberização da mão de obra. Então, o problema está aqui, mas a esquerda também, eu acho que também trabalha o crime, porque, como você citou, existe uma larguíssima bibliografia marxista, crítica da questão criminal, que a esquerda não leu. A maioria da esquerda tem um setor bastante consciente disso, bastante ativo nisso, distribuído entre os partidos de esquerda. Existe uma resistência, mas, de certa forma, ignora solenemente as teorias e trabalha a questão criminal como a direita, com o discurso moral, com o olhar sobre o lúmpen, sobre a classe trabalhadora que ainda não é organizada, como os motoboys, os entregadores, os operadores de telemarketing. Temos uma nova constituição da mão de obra que era o que a esquerda devia estar tentando compreender, largando para trás a maneira de pensar nisso dos anos 1970, porque tudo mudou do neoliberalismo para cá, estamos em mutação permanente. Acho que falta uma rapidez, uma liberdade de pensamento, aquilo que se chamava de imaginação sociológica, uma imaginação criminológica pra dar conta desses fenômenos.

MM: Vera, pelo que eu estou entendendo, você chama atenção para o fato de que, na verdade, essa economia popular tem raízes históricas muito anteriores à própria crise do capital dos anos 1970. E que, na verdade, ela vai se acentuando à medida que os rebatimentos dessa crise vão se concretizando. Ou seja, sobre essa economia popular é que acontece o impacto do processo de uberização, a reestruturação produtiva e assim por diante.

VM: Exato, exatamente isso. E você tem isso ao longo do tempo, quando você pega, por exemplo – acho que o século XIX é um século muito interessante – cidades como Rio de Janeiro, Recife e Salvador, as cidades negras, o medo do levante popular fazia com que as forças da lei e da ordem perseguissem as economias populares. Eu também trabalho no meu livro sobre o medo a perseguição às mulheres que vendiam angú, os trabalhadores de rua, todas essas estratégias de sobrevivência que constituem o mercado de trabalho brasileiro, principalmente do século XIX para cá. É na virada do século XIX para o século XX que o capitalismo constitui o mercado de trabalho no Brasil. Há um livro maravilhoso da Gizlene Neder, que se chama Discurso Jurídico e Ordem Burguesa no Brasil, onde ela vai trabalhar exatamente como o discurso jurídico se adapta a essa constituição de um mercado de trabalho, que vai o tempo todo excluir as massas negras, no caso uma cidade negra como o Rio de Janeiro, através da criminalização também das economias populares.

MM: Vera, você fala desse discurso da lei e da ordem que impactou diretamente essa economia popular – essas economias populares, vamos usar no plural. Tal discurso também marca a realidade dos Estados Unidos, o discurso da lei e da ordem é muito forte lá. E eu me lembrei aqui, não poderia deixar de ser, a introdução dessa retórica da lei e da ordem no Rio de Janeiro, só para pegar o exemplo do Rio de Janeiro, durante a campanha, a eleição e governo de Cesar Maia. Quando Cesar Maia já estava bem distante do PDT. Essa política da lei e da ordem entrou em contato, alimentou e retroalimentou o discurso punitivista no Brasil?

VM: Com certeza, com certeza. Eu acho que o grande paradigma disso foi o Tolerância Zero em Nova York, que era vendido aqui. O Giuliani, que hoje é um personagem completamente desmoralizado, veio ao Brasil, o comandante da polícia dele, que era o Bratton, veio ao Brasil também explicar. E aqui tinham inúmeras cópias daquele projeto. Eu me lembro. Nós tínhamos uma revista, publicamos durante vinte anos uma revista chamada Discursos Sediciosos. E tem vários artigos. E também tinha uma coisa que nós chamávamos de florilégio, que era quando nós pegávamos pérolas que os governantes falavam. E aí era uma imitação do projeto Tolerância Zero, que caiu em Nova Iorque há muitos anos exatamente pelas consequências racistas que ele tem hoje. O Tolerância Zero é completamente descartado em Nova Iorque, onde ele nasceu, exatamente por ser um projeto seletivo, dirigido às populações pobres, na rua, que tentavam lavar carro, manifestações culturais de rua. Era, na verdade, um projeto contra a Nova Iorque negra e latina. Então, isso entra no Brasil e é importado, e aí os meios de comunicação fazem com que isso circule. E lá no fundo da nossa memória escravista, o corpo, como dizia a grande professora Ana Luíza Flauzina, o corpo negro estendido no chão é algo que está lá na nossa memória fotográfica como uma solução. Então, você vê aqui no Rio de Janeiro, na Bahia, em São Paulo, você tem chacinas terríveis e existe uma completa naturalização de dizer não, era traficante, o máximo que acontece é dizer não, mas dois inocentes morreram. Mas ninguém questiona que uma política de confronto mate nas favelas um grande número de pessoas nas chacinas do Rio. Mas o grande jurista argentino Raúl Zaffaroni fala que nós temos também os massacres a conta-gotas. Três aqui, quatro no outro dia, cinco aqui, mas no Jacarezinho, que foram 27, no dia seguinte, todo mundo sai, vai trabalhar. Menos lógico a população pobre que mora nesses lugares, que está com uma vida completamente violentada. Nós acabamos de ver no Rio de Janeiro várias intervenções por conta de uma matéria que saiu no Fantástico, que era uma bobagem, sobre treinamento de guerrilha. Esse é um discurso que vem e volta. Quando você faz uma guerra, você, na verdade, também arma os dois lados. Quando você escala uma guerra, você está escalando dos dois lados. A indústria de armas vende para qualquer lado. Eu vejo o presidente Lula tão empenhado, muito bem empenhado, aliás, a sua política externa, que eu acho que é maravilhosa, eu concordo completamente com ela, eu acho que tem uma grande figura por trás disso, que é o Celso Amorim, e o tempo todo ele está falando com relação a Ucrânia, com relação a Israel e a Palestina. A paz exige que você negocie, não que você pacifique no sentido do século XIX, que era matar quase 50% dos cabanos no estado do Grão-Pará, massacrar os quilombolas no Brasil de uma forma geral. Então, para nós, ainda, a pacificação na nossa memória e com esse combate às drogas, combate à corrupção, esse paradigma bélico do combate, ele faz com que isso vá se escalando indefinidamente. Vai ter um único jeito de você parar isso, não é? Alguns países tentaram isso. É interessante, por exemplo, um pouquinho o caso do México. No México, o presidente Obrador está tentando fazer isso de uma outra forma, não é? Tirando as forças armadas. Mas você vê, de novo, no Brasil, você vê o Ministério da Justiça oferecendo tropas.

Eu me lembro, olha, logo que começou o governo Lula, houve uma rebelião no Rio Grande do Norte, que tem uma governadora do PT, pela qual eu tenho a maior simpatia. Mas o discurso. Tinha havido uma execução que era causadora não só da rebelião no Presídio, mas também de todos os motins e rebeliões que tiveram na cidade. Em nenhum momento era dito que aconteceu uma execução. Para você saber que aquilo era uma explosão a partir de uma execução sumária, era muito difícil. Então, você fica no plano do combate. Ah, são terroristas. Olha, é a mesma lógica da faixa de Gaza. Eu fico impressionada porque, inclusive, as nossas políticas de segurança pública repercutem, reverberam e são assessoradas pelo Mossad, por essa política estadunidense e israelense de ocupação de territórios que está dando no que dá na faixa de Gaza, em Israel, e está dando no que dá aqui também. É o mesmo paradigma.

MM: Eu acabo de ler um artigo que procura fazer uma analogia entre a relação existente entre Hamas e palestinos da faixa de Gaza e a repressão bárbara das Forças Armadas de Israel, com a relação existente entre traficantes, organizações criminosas, Comando Vermelho, e a população desses territórios existentes. Quer dizer, a confusão existente entre Hamas e povo palestino, a confusão existente entre Comando Vermelho e populações que habitam as periferias e favelas do Rio de Janeiro e outras grandes capitais também.

VM: Perfeito, eu não li esse artigo, mas eu até tinha pensado em escrever sobre isso. Tem tudo a ver, pois é o mesmo paradigma. Para você ter uma ideia, a polícia civil não é uma polícia de combate, ela é uma polícia investigativa. Antigamente, o delegado da polícia civil estava de terno e gravata, respondendo. Hoje ele está de colete, o CORE do Rio de Janeiro teve treinamento dos SEALS, que é aquele corpo dos marines americanos que mataram Bin Laden, por exemplo. Então, enquanto nós estivermos nesse paradigma de guerra, e é uma guerra contra as populações, que cada vez que tem uma operação de guerra numa favela, sempre aparecerá maldade pura. Começa às seis horas da manhã, que é a hora que as crianças estão indo para a escola, que é a hora que os trabalhadores estão indo trabalhar. Então, é a punição geográfica, punição não, massacre geográfico, que as pessoas estão vivendo e os danos colaterais. Eu não quero me fixar nos danos colaterais, que eu acho super perverso, onde uma operação que mata 26 pessoas e não há nenhum policial ferido, como a de Guarujá, ou então as operações de vingança. Bom, um policial foi morto, um policial federal, tadinho, um jovem policial federal foi morto em Salvador, a polícia sai matando nas áreas faveladas quem é e quem não é. E se nós começarmos a dizer, ah, não, mas morreram inocentes, não tem pena de morte no Brasil, graças a Deus, espero que esse debate não entre, mas ela é mais corriqueira. O Brasil tem as polícias que mais matam no mundo. Antes era do Rio de Janeiro, e agora a polícia da Bahia, que tem um governo petista há mais de 12 anos, está na vanguarda da letalidade policial.

MM: Te satisfaz esse discurso do ex-ministro da Justiça, Flávio Dino, de que a liberação das armas desempenhou um papel fundamental no crescimento da violência por 4 anos?

VM: Olha, eu acho que é um processo contínuo. Certamente o governo passado fez danos em muitas coisas, mas a situação já era assim antes do governo passado. Eu acho que o governo passado é uma consequência desse discurso, não uma causa. O Foucault usa uma expressão que é Estado de polícia. Esse Estado policial que foi se construindo no Brasil democrático produziu essa força política. Você vê que a base do Bolsonaro não são só as forças armadas, é muito mais uma base das forças policiais que agora têm um sentido político, que se politizaram no discurso da guerra. Então, é lógico que esse período foi um período onde tudo isso piorou, mas não é muito diferente com relação ao discurso da guerra contra o tráfico. Infelizmente, eu não vejo muita diferença. Ainda tem uma coisa que é um enigma para nós todos, que é a queda do número de homicídios durante o governo anterior, mas não a letalidade policial. Mas veja, a letalidade policial aconteceu em governos estaduais do PT, inclusive. Então, eu não daria uma causalidade a isso, acho que eu não entraria nessa.

MM: Vera, você falou de naturalização das operações policiais, dessa prática genocida contra jovens negros favelados. Eu queria te ouvir um pouco sobre o processo de naturalização da prisão. O processo de naturalização desse salto ocorrido no Brasil entre 2002 e 2022, nessa passagem de 230 mil encarcerados para uma população de 830 mil encarcerados. Como se deu, no intervalo de vinte anos, uma explosão tamanha e como esse processo acabou sendo naturalizado a ponto de ninguém mais questionar, salvo determinados setores bastante críticos, ninguém mais questionar a própria existência da prisão e da prisão como existe hoje no Brasil.

VM: Como eu lhe disse, acho que nós temos âncoras históricas, matrizes ibéricas, inquisitoriais, na pena. Mas eu me lembro que nos anos 1970, nos anos 1980, nós éramos muito mais críticos com relação a isso. Mas eu acho que foi se construindo um uníssono na grande mídia, e na esquerda também, que nós chamamos de esquerda punitiva, de que as coisas vão ser magicamente resolvidas através da pena, através da prisão. Da pena de prisão e de outras penas. Como se a pena fosse o grande catalisador da resolução de conflitos brasileiros. E muita gente acredita nisso, tanto que o grande esforço agora é criminalizar os nossos inimigos. Você vê as decisões do Supremo com relação ao 8 de janeiro. Já existe até um debate sobre isso, até nos jornais conservadores, sobre o agravamento, usando, por exemplo, como argumento a multidão, os crimes de multidão, que é um argumento completamente positivista. Então, acho que está muito enfronhado. O Supremo padece muito da falta de um penalista, não existe nenhum ministro do Supremo com formação criminal, então, acho que faz falta, lógico, desde que seja do ponto de vista crítico, um olhar com relação a isso que nos fizesse sair, porque a pena vai para fulano de tal, fez isso, então vai pra prisão e tal. E as pessoas desconhecem a prisão como ela é. Qual a esperança, se uma pessoa tiver um mínimo conhecimento do que é passar um dia numa prisão. Eu, inclusive, tenho um projeto de extensão, coordeno um projeto de extensão na UERJ, que são diálogos com cárcere, onde nós levamos nossos alunos, fizemos um contato maravilhoso com a escola de Bangu, que é uma escola para encarcerados, e aí os nossos alunos vão conhecer, porque senão você vai formar juízes, promotores que botam penas, mas não conhecem como é que a execução é feita. Então, acreditam naqueles mitos ressocializadores. Qual pessoa que conhece a questão criminal no Brasil vai acreditar que a prisão é capaz de transformar ou resolver algum problema brasileiro, seja ele qual for. Então, eu acho que isso foi muito difundido. Eu tenho me interessado muito, Marco, na saída da democracia, por exemplo, ali em torno da Constituinte. O tráfico de drogas, por exemplo, entra como crime hediondo. Então, nós fizemos algumas concessões que hoje se demonstram graves – eu tenho alguns alunos de pós-graduação que estão estudando esse período, estudando os discursos parlamentares sobre drogas, os discursos com relação à segurança pública. Então, isso se expandiu na democracia de uma forma muito maligna, muito perversa. Vou ter que falar uma coisa terrível, nós prendemos mais, a nossa polícia mata mais do que no tempo da ditadura. Então, isso se banalizou, se naturalizou através também de um massacre midiático e de uma fé que é ancorada na inquisição de que, punindo, fazendo a pessoa sofrer muito, você vai purgar os nossos problemas. E nós estamos nesse embaraço até hoje. E eu acho que o que falta um pouquinho, eu como velha brizolista, é a coragem de enfrentar isso, esse discurso, mesmo que você perca eleições, mas você não pode perder as bandeiras do que seria um projeto de esquerda para, por exemplo, a área de resolução de conflitos. Então, por exemplo, hoje em dia eu já questiono o sentido do conceito de segurança pública. Eu acho que nós estamos vivendo um tempo crítico. Cada dia morre uma pessoa depois de uma chuva. Eu acho que, assim, é muito solitário pensar isso nos tempos que estamos vivendo. Então, eu acho que temos que escrever para o futuro, porque vai haver um momento em que isso vai romper.

MM: Então, Vera, dando continuidade, você dizia que questiona o próprio conceito de segurança pública e vê com muita simpatia a ideia de defesa civil. Era isso?

VM: É, eu acho que é preciso fazer uma grande transformação nessa área, porque tudo que é reforma da polícia, reforma da prisão, tudo isso foi feito nos anos 1990 e está aí o fracasso completo. Então, eu acho que nós tínhamos que fazer um giro copernicaniano, um giro radical, ter coragem de discutir algumas coisas. Mas aí vêm os limites que eu digo de coragem política, de bravura política que eu acho que o Brizola tinha. Ele não se importava. Eu me lembro que uma vez alguém perguntou para o Brizola: "mas o senhor vai dizer isso agora?" E ele disse, "se eu não disser, é melhor fechar o partido". Lembra do Brizola, por exemplo, contra o Plano Cruzado, tinha todos os fiscais do Sarney, aquilo tudo, e ele era contra. Todo mundo dizia "governador, que loucura", e ele dizia não. Então eu acho que falta essa coragem, todo mundo sabe que é um campo fechado, é um campo policialesco, que o Ministério Público e o Judiciário se policializaram também, viraram combatentes, são indiferentes às dores dessas populações, na sua maioria, claro que tem exceções maravilhosas, mas eu acho que tudo isso deveria ser transformado. Eu sou a favor de uma mudança radical. E o que nós precisamos é de espaço para discutir isso. E quando você está no governo, você tem espaço para discutir isso. Você tem horário de televisão, você tem canais de televisão, você tem canais de rádio, você tem estações de rádio, é hora de nós apontarmos. Agora, se nós ficarmos só usando a expressão que todo mundo usa, seguidamente enxugando o gelo, embrutecendo e brutalizando os homens que trabalham nas funções policiais – porque não é mole o que acontece com um homem policial, a tarefa dele, um homem que entra numa favela, mata 10 e tal, ele não sai igual, ele não vai pra casa jantar com a família dele e tá tudo normal, tá tudo legal. E ao mesmo tempo nós temos cada vez mais contingentes enormes de policiais, vigilantes, bombeiros, polícia penal. Os guardas penitenciários hoje são chamados de Polícia Penal. Então, isso constitui a nossa mão de obra também, um recrutamento enorme nas classes populares. Então, teria que ter sobre isso também um olhar generoso. Não o olhar de "odeio polícia", eu estou falando da polícia como sistema, mas nós teríamos que ter uma outra missão para esse homem policial. Como é que nós poderíamos desarmar esse espírito de ocupação, de guerra, que foi inculcado e treinado nesses milhares e milhares de homens e mulheres que hoje servem à segurança pública no Brasil.

MM: Vera, eu gostaria de retomar um ponto da tua fala quando você chama atenção para o fato da existência de uma esquerda punitiva, que não é de hoje. Mas esse processo, com a vitória do presidente Lula, na esteira dos acontecimentos do 8 de janeiro, todo o desenvolvimento dessa tentativa de criminalização do bolsonarismo, como se a forma de combater a extrema-direita no país se desse através de processos de criminalização. Eu gostaria que você tratasse um pouco, aprofundasse essa discussão, de como é possível, na verdade, fazer o bom combate contra a extrema-direita por outros caminhos que não fossem esses da criminalização.

VM: A questão é a seguinte. O teste das nossas ideias, da validade das nossas ideias, é se elas valem para os nossos adversários ou para os nossos inimigos. Se nós achamos, tudo que nós achamos, na criminologia crítica, no abolicionismo penal, isso para as populações periféricas, para as populações faveladas, se nós não achamos também para o tratamento dos nossos adversários, inimigos, então o que nós pensamos não vale, porque essas ideias só valem para os nossos, não vale para os outros. Então, eu acho que o principal é a derrota política dessas forças, não a derrota criminal. Mas aí continua o mesmo giro punitivo, não é? Essa é a resposta que eu poderia lhe dar. O grande teste das nossas ideias, essas nossas ideias servem também para os nossos adversários. Se não servirem, é porque as nossas ideias não valem. Se elas só valem para os nossos companheiros, não valem para os nossos adversários. Então, eu acho que é compreender melhor a origem social. Isso está acontecendo nas nossas barbas, no Rio de Janeiro. O Rio de Janeiro é o lugar onde se criou. Na minha modesta opinião, essa força política se radicalizou no Rio de Janeiro a partir de todos os governos que vieram depois do Brizola e que trabalharam a questão criminal dentro dessa perspectiva de lei e ordem, dizendo não, aqui, isso aqui não tem conversa, isso aqui é igualzinho direita e esquerda. Então, o Rio de Janeiro, que era uma cidade revolucionária, rebelde, libertária, se transformou num grande terreno de milícias, de grupos que se enfrentam, dessa dinâmica do que eu chamo de Estado de Polícia. E é daí, é desse chão que surgiu o bolsonarismo e, também, o sofrimento das populações pobres e periféricas diante dessas políticas. A vida das pessoas nas favelas do Rio é uma vida muito brutalizante. Então, é lógico que uma mentalidade brutalizante vem daí. E a burguesia, a alta burguesia, ela sempre foi brutal, ela sempre foi bárbara. O Darcy Ribeiro dizia isso, que "a nossa elite é muito burra".

MM: Nessa reta final da entrevista, eu gostaria de te ouvir a respeito da contribuição do abolicionismo penal, no plural, a contribuição dos abolicionismos penais como movimento, como contribuição da academia, na crítica ao sistema prisional, na crítica à ideia de prisão, na crítica ao encarceramento em massa e, de maneira geral, a crítica ao Estado penal, a esse Estado penal neoliberal.

VM: Eu fico muito impressionada com a forma como a juventude se interessou por esse assunto, pelo abolicionismo. Então, vamos dizer, vinte anos atrás, quase não se falava de abolicionismo penal, quase não se tratava disso. Da mesma forma que a prisão se expandiu dessa forma que nós estamos falando no Brasil, os discursos que questionam a prisão nos seus princípios também se expandiram muito. Então, hoje você tem movimento negro abolicionista, movimento gay abolicionista, movimento de mulheres abolicionistas, o abolicionismo é uma contribuição fundamental para um discurso contra o Estado de polícia, o Estado penal que foi construído nessa saída da democracia, da ditadura para a democracia.

MM: E, Vera, como é que você pensa outros mecanismos de resolução de conflitos que não passem pela pena privativa de liberdade?

VM: Você entrevistou aqui duas grandes professoras, a Vera Andrade e a Marilia Montenegro, que têm um trabalho maravilhoso, por exemplo, sobre justiça restaurativa. Uma das formas que nós temos é observar como o povo resolve seus problemas fora da polícia. Isso já acontece no dia a dia. Dificilmente alguém de uma população favelada é furtado no seu bairro e vai à polícia fazer queixa. Eles sabem que a polícia é contra e não é para eles. Então existem mil formas. Agora é impressionante como tudo é rapidamente capturado pela lógica punitiva, que, como eu disse, é muito enfronhada na nossa maneira de pensar e sentir a questão criminal. Audiências de custódia, então, por exemplo. A audiência de custódia foi uma medida do CNJ bastante interessante. E olha como é difícil implantar tendo em vista as resistências do judiciário a isso. Então, eu acho que é um longo caminho a ser traçado e que nós temos que usar a nossa imaginação criminológica, inventar. Não existe uma fórmula. Eu acho que o primeiro passo é fazer a crítica, fazer com que as pessoas compreendam a crítica da pena e da prisão e do castigo, de uma forma geral, e aí, a partir disso, numa elaboração coletiva, estudando um pouquinho as formas, por exemplo, como os povos originários resolvem seus conflitos no Brasil. Nos dias de hoje, o Brasil é um país tão rico de experiências abolicionistas, onde o judiciário não entra, o Ministério Público não entra, o sistema policial não entra, o sistema prisional não entra. Como é que os nossos povos originários resolvem seus problemas? Não tem polícia. Uns anos atrás, saiu até nos jornais um júri que teve, se não me engano, foi no Sul, em que os povos indígenas que participaram desse júri ficaram horrorizados com o ritual do júri. Então, eu acho que a história brasileira tem vários exemplos. Você tem exemplos internacionais. Eu acho que o problema é você demolir esse paredão da lei e ordem, da mentalidade punitivista. E, a partir disso, eu acho que nós podemos produzir, criar, como nós criamos, como Paulo Freire criou uma pedagogia diferente, como Darcy Ribeiro pensou numa escola diferente, é a partir daquilo que o Darcy Ribeiro chamava de pagelança. Não era uma ideia do Darcy Ribeiro, do Brizola, era fruto de uma discussão coletiva com os professores, com as comunidades, e também com exemplos internacionais e internos da nossa história.

MM: Você falou da resolução de conflitos que acontece nos segmentos populares. Eu me recordo tanto da experiência das associações de moradores, que foi uma das bases, inclusive, do desenvolvimento do PDT, foi uma base importante para o crescimento do PDT de Brizola, no Rio de Janeiro. Só que a partir de um determinado momento, esses territórios foram sendo ocupados pelo tráfico, pelas organizações criminosas, atualmente pelas milícias. Como exercer, exercitar essa imaginação, bebendo da sabedoria popular, da resolução de conflitos, ao mesmo tempo em que existe essa força da violência, do fazer justiça, por exemplo, das milícias e de organizações como o Comando Vermelho entre outras.

VM: Eu acho que nós teríamos que ter uma compreensão e uma conversação. A única forma que você tem de produzir um processo diferente é você compreender as forças que estão atuando dentro das comunidades. Por exemplo, o movimento comunitário ainda é muito forte. Nós temos muito preconceito com tudo isso que você citou. A igreja católica tem preconceito com os evangélicos, tem preconceito com o que nós chamamos de milícia, que já virou uma confusão total. O que era milícia 30 anos atrás não é hoje. Hoje, no Rio de Janeiro, não é organização criminosa, é uma grande desorganização. Então, eu vi, por exemplo, uma matéria na Bahia dizendo que são mais de dez pequenos grupos, que não é uma grande organização. Inclusive, essa expressão "crime organizado" é equivocada. Há um texto do Raúl Zaffaroni de mais de vinte anos atrás que se chama "Crime Organizado: Uma Categorização Frustrada". Na verdade, essa confusão é uma desorganização social muito grande que o neoliberalismo impôs, principalmente nas áreas pobres. Então, eu acho que a partir dessa compreensão e a partir do respeito pela população e pelas suas estratégias de sobrevivência, talvez através de um grande diálogo de todas as forças que estão nisso, nós pudéssemos dar um passo à frente.

MM: Uma última pergunta, Vera. Falando de novo do ex-ministro Flávio Dino. Numa visita recente ao Recife, onde estiveram presentes várias autoridades, em um determinado momento, ele afirmou, muito cobrado sobre a necessidade de se consultar os especialistas, ele afirmou que os grandes especialistas são os policiais. Você, como uma intelectual, uma especialista que vem tratando desse tema há trinta anos, desde a sua dissertação de mestrado, você, entre outros inúmeros sociólogos, sociólogas, como se sente ouvindo essa afirmação?

VM: Eu acho que é essa coisa de você não enfrentar. Vou lhe falar uma coisa, Marco. Hoje em dia, todos os governos, de direita, de esquerda, são reféns do Estado de polícia. Então, falta coragem para enfrentar isso. Eu sou uma grande crítica do que a própria polícia chama de policiólogos. Daqueles sociólogos que acham que têm uma solução, aí você pega o livro A, B, C, isso tem que ser um grande projeto nacional de conversações, onde é claro que a força de trabalho policial tem que ser consultada. Agora, também entregar para ela a solução, é um pouco se arregar diante do problema que nós temos. E o que nós estamos vendo é que cada vez que há um conflito intenso no lugar, como na Bahia, o que faz? Bota mais polícia, bota tropas federais. Aqui no Rio de Janeiro foi oferecida também a Força Nacional. A Polícia Rodoviária Federal que, antigamente, era aquela força policial que ajudava você quando o teu carro estava enguiçado e tal, foi se transformado no governo Bolsonaro numa força matadora. Aí você vai lidar exatamente com isso. Então, eu acho que falta coragem política de enfrentar isso realmente, de lidar com isso de uma outra forma. Mas, para isso, você tem que dizer, olha, o rei está nu, está fracassado, esse caminho é um caminho que nós já percorremos e não deu em nada, mas é um campo muito minado e muito murado. Não vamos mexer nisso, porque isso tira voto, isso não é legal. Então, na mídia, o legal é aparecer como grande justiceiro, grande organizador. Eu acho que é isso que falta. Eu acho que falta um pouco de coragem política para tocar nesse assunto, para enfrentar os cotidianos abusos policiais.

CAPÍTULO 2
A PENA DE PRISÃO PARA OS 'MESMOS'

Marília Montenegro

Marco Mondaini: Professora Marília Montenegro, eu gostaria de abrir esse nosso diálogo citando um trecho muito curto, mas muito significativo de um artigo que você escreveu intitulado "Quantas histórias cabem na lei Maria da Penha? O lugar da violência doméstica no sistema punitivo brasileiro", que se encontra num livro intitulado "Construindo as Criminologias Críticas: A contribuição de Vera de Andrade"[1], que será a próxima entrevistada dessa série especial sobre crítica ao punitivismo. Então, eu gostaria de ler esse pequeno trecho e de fazer uma pergunta a partir dele. "A pena de prisão, sem dúvida, continua existindo para os 'mesmos', já as alternativas à prisão são para os 'outros'. Isso fica muito claro quando se observa quem são os presos em qualquer país do mundo". Marília, quem são os "mesmos" e quem são os "outros"? Por que que são construídas as prisões? Por que o dis-

1 PRANDO, Camila Cardoso de Mello; GARCIA, Mariana Dutra de Oliveira Garcia; ALVES, Marcelo Mayoara. *Construindo as criminologias críticas: a contribuição de Vera Andrade*. Rio de Janeiro: Lumen Juris, 2018, p. 149.

curso punitivista continua com todo o fôlego, particularmente na realidade brasileira, mas ainda em boa parte do mundo?

Marília Montenegro: Acredito que pensar nesses "mesmos" e nesses "outros" tem uma relação direta com pensarmos os corpos no Brasil. Então, quando qualquer um de nós aqui, que estamos nessa reflexão, pensamos assim, quem visualizamos atrás de uma jaula? Quem são essas pessoas? Acho que é possível chegarmos nas mesmas pessoas, ou seja, aos mesmos resultados. Então, se fecharmos os olhos e realizarmos o exercício de pensar quem facilmente aceitamos enjaular, isso tem uma relação direta com os nossos medos e a construção dos nossos medos. Pensar através dessa lógica traz muito do significado dessa continuação do aprisionamento de determinados corpos no nosso país. E podemos continuar a reflexão pensando qual é o corpo que está usando e/ou vendendo uma droga que eu gostaria de enjaular? Qual corpo que faz uma agressão a uma mulher e nós gostaríamos de enjaular? Para qual corpo naturalizamos a dor?

Então, isso é uma relação direta no nosso país, no nosso continente, com a nossa história. Como fomos constituídos? Para que corpos foram pensadas as alternativas penais? O professor Nilo Batista sempre nos apresenta muitas reflexões importantes sobre essa temática no Brasil.[2] Quem são as pessoas que nos movem na busca de soluções ou outras fórmulas de responsabilização? Pensar nas alternativas penais, que entram fortemente no Brasil na década de 1990, mas que já começaram a ser discutidas na década de 1980, na reforma que chamamos de reforma da parte geral do Código Penal, que data de 1940, mas

2 Vários trabalhos importantes do Professor Nilo Batista estão publicados em: *Capítulos de Política Criminal*. Rio de Janeiro: Revan, 2022.

que teve toda a sua parte geral modificada na década de 1980. Em 1984, foram introduzidas, de forma muito tímida, as chamadas penas restritivas de direitos, que seriam alternativas à prisão. Qual seria o foco dessas penas? Ou quem poderia disputar essas penas? O que acontece durante a década de 1990 é que teremos um crescimento das alternativas penais no Brasil, com o aumento da pena privativa de liberdade. Dessa forma, em nenhum momento as alternativas penais reduziram os números das penas privativas de liberdade. Pelo contrário, as penas privativas de liberdade conseguiram avançar dentro desse espaço. Então, acho que ao pensar nesses "outros", e pensar nesses "mesmos", iremos trabalhar a lógica dessa racialização dos corpos no nosso país e de como é que podemos naturalizar o local do enjaulamento de um ser humano, como podemos, academicamente, defender isso (falo isso pois sou professora de Teoria da Pena no curso de Direito). Então, como é que academicamente legitimamos esse processo desde a graduação do aluno até a pós-graduação, fortalecemos a legitimidade desse espaço, a legitimidade desse tipo de punição ao ser humano.[3]

Mondaini: Marília, há poucos dias vi um trecho de uma entrevista de um colunista da Folha de São Paulo dizendo que a esquerda precisa, ou as esquerdas precisam, refletir mais sobre segurança pública. E, na verdade, quando eu ouvi essa fala, eu só posso ter chegado à conclusão de que na verdade esse colunista desconhece toda a produção que vem sendo feita por setores da esquerda, pelo menos dentro do universo acadêmico, nas

---

3 Sobre o aprofundamento dessas reflexões cf. BATISTA, Vera Malaguti. O positivismo como cultura. Passagens: *Revista Internacional de História Política e Cultura Jurídica*, v. 8, n. 2, p. 293-307, 28 maio 2016.

faculdades de direito, nas faculdades de sociologia, de ciências humanas, sociais em geral, sobre segurança pública. Uma outra questão é saber se essas propostas serão ou não adotadas pelos governos, principalmente os governos de centro-esquerda. Então, só para nós arrematarmos essa primeira questão, e usando expressões que você usa também no teu artigo, isso quer dizer que o núcleo duro do direito penal é cada vez mais utilizado para os problemas da pobreza, os problemas do racismo? É isso?

Montenegro: Isso. Acho que Vera Andrade nos provoca muito essa reflexão, ou seja, é como se pudéssemos pensar a redução dos direitos e garantias, a redução desse, se é que poderíamos falar, Estado de bem-estar social, e pensarmos na lógica punitiva, na lógica da punição.[4] Então, aquelas pessoas que não acessaram minimamente a lógica básica da dignidade - ou seja, educação, saúde –, oferecemos para essas pessoas o sistema punitivo, assim se está ruim pode ser pior. Então é por isso que esse sistema penal ou a nossa pena privativa (e Pernambuco é um exemplo muito forte disso, o Complexo do Curado, as intervenções que estão sendo feitas no âmbito internacional e no âmbito nacional, no próprio sistema prisional pernambucano, que, diante do sistema prisional brasileiro, é considerado um dos piores do nosso país), nos levam a pensar no que isso significa.

É como se fosse a lógica do pior, e parece que naturalizamos muito isso, ou seja, aceitamos isso de alguma forma como sociedade. Não, o sistema penal não pode ser bom, senão as pessoas gostariam de ir para lá. Então, parece que reproduzimos isso com naturalidade. Primeiro, o que é essa segurança pública? Eu

4 Cf. ANDRADE, Vera. *Sistema penal máximo x cidadania mínima*: códigos de violência na era da globalização. Porto Alegre: Livraria do Advogado, 2003.

acho que esse é um conceito a ser pensado. E aí está uma confusão muito grande que fazemos entre a função do Judiciário e a função da segurança pública. Então, algo que aqui também em Pernambuco nos leva a várias discussões, especialmente quando pensamos no período de vigência do Pacto pela Vida. Então, são várias perspectivas que precisamos pensar, que nos levam a várias perguntas: para que serve a pena privativa de liberdade? Para contenção de quem?

Precisamos retrabalhar, pensar o local da segurança pública e das formas de punição, acho que é um exercício que precisamos fazer constantemente. E como vamos fazer isso? Ou seja, a partir de que lugar vamos fazer essas "rediscussões"? O que vem ganhando cada vez mais força no nosso país é o discurso bélico. Então, ele está presente já há muito tempo, ele não é algo recente, mas como esse discurso bélico vem? E aí a questão das drogas é muito forte nisso, não é? A guerra às drogas, o combate às drogas, a neutralização das pessoas.

Então, penso que toda essa discussão já vem conosco há muito tempo. O professor Nilo tem um artigo, "Política Criminal com derramamento de sangue"[5], falando especificamente da lógica do tráfico de drogas no nosso país, mas estamos aprofundando essa situação e trazendo nessa lógica uma expansão. Mas essa expansão vem do que você nos apresentou, ou seja, é a lógica das mesmas pessoas e esse núcleo duro atinge essas mesmas pessoas. Então acho que esse é um movimento importante, ou seja, o que é a segurança pública? Ou melhor, para quem é a segurança pública do nosso país? Eu acho que essa é a pergunta. Então, precisamos definir quem são as pessoas que se benefi-

---

5 Cf: BATISTA, Nilo. Política Criminal com derramamento de sangue. *Revista Brasileira de Ciências Criminais*: São Paulo, ano 5, nº 20, out/dez, 1997.

ciam do discurso da segurança pública, quais são os bairros que se beneficiam do discurso da segurança pública e quais são os bairros que são oprimidos pelo discurso da segurança pública? Então precisamos trazer um pouco dessa discussão do que significa essa segurança pública e efetivamente para quem ela serve.

Mondaini: Marília, num determinado trecho desse mesmo artigo[6], que eu faço questão aqui de recomendar – pelo menos eu me auto-recomendei e vou trabalhar esse texto com os meus alunos e alunas –, você faz uma análise sobre a relação de complementaridade que existe entre a ação da Polícia Militar, no momento da prisão em flagrante, o oferecimento da denúncia pelo Ministério Público e, por fim, a aceitação da denúncia pelo juiz, jogando por terra aquela ideia de que a polícia prende e o juiz solta, muito pelo contrário da nossa realidade. Assim como não condiz com a realidade a ideia de que o Brasil é o país campeão da impunidade. A questão é quem é punido no nosso país. Então eu lhe pediria para analisar essa relação, estabelecendo uma ponte, com esse instituto que acabou se tornando uma regra do nosso Estado, não uma exceção, que é a prisão provisória. Eu não sei os dados atuais, os últimos dados, mas o número de presos provisórios no Brasil equivale ao que exatamente? Um terço da população prisional atual? Alguma coisa em torno disso, 40%? Então eu lhe pediria para fazer compreender essa relação de complementaridade entre Polícia Militar, Ministério

6 MELLO, Marilia Montenegro Pessoa de. Quantas histórias cabem na Lei Maria da Penha? O lugar da violência doméstica no Sistema Punitivo Brasileiro. In: PRANDO, Camila Cardoso de Mello; GARCIA, Mariana Dutra de Oliveira Garcia; ALVES, Marcelo Mayoara. *Construindo as criminologias críticas: a contribuição de Vera Andrade*. Rio de Janeiro: Lumen Juris, 20218, p. 147-184.

Público e Poder Judiciário, e o papel decisivo da Polícia Militar nesse processo de encarceramento em massa. E por que a prisão provisória merece toda a nossa atenção crítica à medida em que abastece o processo de encarceramento em massa?

Montenegro: Importante pensarmos nesse ciclo que você nos provoca. Grande parte das prisões, e aí vai depender muito do que estamos falando, às vezes de região, dentro da região. Pernambuco, por exemplo, se destaca em prisão provisória, então vai depender muito de que estado dentro do nosso país estamos pensando, mas nós temos uma população presa provisoriamente que é a nossa pior forma de prisão, porque são os nossos piores estabelecimentos. É onde as pessoas estão ali em total instabilidade, porque elas não sabem nem se serão condenadas. Nesses lugares encontramos o nosso cenário mais complexo, do maior número de rebeliões, das maiores atrocidades. São exatamente nesses estabelecimentos, como o nosso antigo presídio Professor Aníbal Bruno, hoje repaginado como Complexo do Curado.

O mote que movimenta a prisão provisória e movimenta de alguma forma também a prisão definitiva, porque 70% das pessoas que são condenadas no nosso país foram presas provisoriamente, ou seja, quem define isso, Marco, é a Polícia Militar. Não é uma investigação da Polícia Civil, não é uma delegacia especializada que investigou aquele tráfico de drogas e chegou naquelas pessoas. O processo, geralmente, não começa dessa forma, muitas vezes começa pelo trabalho do "olhômetro" da Polícia Militar, porque ela não é uma polícia investigativa. Então ela vai ali, nos locais que ela acessa, podendo olhar para o tráfico de drogas, mas também podendo olhar para a violência doméstica. Mas qual é o condomínio que a Polícia Militar vai acessar? Onde é que ela vai lá e abre a porta, entra, tira a pessoa de dentro e leva? Então esse é um movimento que já começa definindo quem são essas pessoas.

Mondaini: E a Polícia Militar tem um olhar voltado para os "mesmos"?

Montenegro: Isso.

Mondaini: Eu sempre me recordo, e sempre cito isso em sala de aula, do episódio narrado por um sargento do Corpo de Bombeiros que fez uma pesquisa na UFPE, na pós-graduação em ciência política, sobre violência institucional e, no decorrer da sua pesquisa, um dia ele foi até o Quartel do Derby e, quando ele entrou, estava acontecendo uma aula de abordagem e o abordado da aula havia feito uma autocaricatura. Ele havia colocado aqueles gorros com as cores da bandeira da Jamaica e com dreadlocks, ou seja, ele havia se caracterizado como negro, na aula de abordagem, na aula de preparação dos futuros policiais militares, que vão ocupar as ruas. Então, a Polícia Militar tem desde a sua formação esse olhar para os "mesmos".

Montenegro: Perfeito, Marco. Eu acho que isso nos diz muito de quem a Polícia Militar procura, de como é que ela leva essa pessoa. Mas, ao mesmo tempo, é a polícia que mais está exposta e é a mais precarizada. Ela tem um código penal próprio, específico, e é ela que vai lá e leva para, vamos dizer assim, para os profissionais de gabinete. Então, ela chega naquela situação de vulnerabilidade, ela se expõe, ela traz aquela pessoa e depois ela tem que comprovar de alguma forma que ela fez o serviço correto, óbvio, senão ela vai ser punida. Existe um "confronto", seja entre o Ministério Público, seja a própria Polícia Civil, depois, seja o Ministério Público, seja o Poder Judiciário, de "confrontar" essa categoria que está lá se expondo para que os "outros", de alguma forma, possam desenvolver suas atividades.

Então, existe obviamente um processo de manutenção dessa lógica, dessa visão, tanto seja dos salários como também efetivamente desse grau de risco que essa Polícia Militar é colocada. Em 2015, surge um grande avanço, que é a Audiência de Custódia, que é esse confronto de dizer "essa pessoa vai ser apresentada ao juiz", mas a Polícia Militar também está lá presente, é quase uma lógica de moralizar ou desmoralizar o trabalho daquela polícia. Então, por isso, essa Audiência de Custódia vem, as pessoas são tão refratárias a essa Audiência de Custódia, a sociedade de uma maneira geral tem uma visão totalmente distorcida do que é esse momento. O judiciário precisa tomar conhecimento da privação de liberdade de qualquer pessoa, o juiz ou a juíza precisa escutar essa pessoa, porque a regra é que essa pessoa deva ser mantida em liberdade. Mas, tudo isso é apresentado de maneira desvirtuada e existe uma disputa política para derrubar a Audiência de Custódia, ou seja, todo um processo de desmoralização desse instituto, que é uma garantia para todos nós. Essa ideia surge atrelada à impunidade: "agora com essa Audiência de Custódia é que os juízes vão soltar mesmo" – uma informação do nosso "senso comum punitivo" muito descolada da realidade em que vivemos.

Assim estamos prendendo pessoas por tráfico de drogas em que a única pessoa que vai dizer que ele estava traficando drogas é o próprio policial. Como é que o policial vai dizer que o trabalho dele não foi bem feito, se é o trabalho dele que está sendo avaliado ali naquele momento? Encontraremos alguns dados no nosso país que vão nos dizer que a nossa prisão provisória, em alguns tipos de crime, tem esse patamar de quase regra e não exceção. Além disso, as pessoas que são condenadas à pena de prisão vieram de um processo que estavam já presas antes. E aí vem mais uma questão para o Judiciário. Se o Judiciário manteve aquela pessoa presa um tempão, depois ele vai ter que justificar que ela tinha que estar presa mesmo, porque senão é ele que está dizendo que o trabalho dele foi equivocado. O Judiciário reconheceu que aquela pessoa deveria estar presa processualmente e na hora da condenação ele vai dizer que não?

Então esse é um movimento também das alternativas penais no nosso país, ou seja, não conseguimos pensar, segundo Salo de Carvalho, longe de uma lógica carcerocêntrica.[7] Mesmo quando pensamos nas alternativas penais, raciocinamos a partir da pena privativa de liberdade. Então, mesmo que no final, Marco, eu e você, fossemos condenados a uma prestação de serviço à comunidade, essa pena é uma substituição da pena privativa de liberdade. Então, eu passei um ano presa no Complexo do Curado para ser condenada a três anos de prestação de serviço à comunidade com uma prestação pecuniária. Eu vou abater como se aquele tempo da prisão fosse igual ao tempo de uma prestação de serviço à comunidade. Ou seja, avançamos lentamente em algo que não seja a prisão, e aí eu estou falando a partir do lugar do campo do Direito. Não conseguimos pensar em alternativas penais que tragam para a magistratura a possibilidade de descolar da pena privativa de liberdade. Partimos da lógica que o mínimo que desejamos é que a pessoa pelo menos "vá presa".

---

7 Cf. CARVALHO, Salo de. Teoria agnóstica da pena: entre os supérfluos fins e a limitação do poder punitivo. *In*: *Discursos sediciosos*: crime, direito e sociedade. Rio Janeiro, nº 15/16, p. 83-103, 1º e 2º sem, 2007.

Voltamos ao início, que pessoa é essa? Por que temos uma naturalidade tão grande de dizer pelo menos que ela seja presa? Já que não se pode legalmente matar e/ou torturar (como se isso não acontecesse no que Lola Aniyar de Castro chamava de Direito Penal Subterrâneo na América Latina[8]). Ao mesmo tempo que existem alguns avanços, como a Audiência de Custódia, existem vários movimentos que fortalecem a chamada lógica da prisão.

Mondaini: Marília, eu queria agora, seguindo essa mesma lógica de crítica a essa centralidade assumida pela prisão nas nossas vidas, melhor seria dizer na vida das camadas subalternizadas da sociedade, jovens negros, de baixa escolaridade, de baixíssima renda, que formam o precariado e assim por diante. Eu queria tratar agora de um tema que você pesquisou, que é o momento em que o Direito Penal entra no ambiente doméstico, na vida privada. E eu estou falando aqui da entrada em vigor da Lei Maria da Penha no ano de 2006, que foi pesquisada por você na sua aplicação. E eu pediria mais uma vez licença para ler um trecho, que é um trecho maior do mesmo artigo, e que retrata uma das conclusões a que você chegou após a realização dessa pesquisa: "a conciliação poderia ter sido o primeiro passo de muitos que precisam ser dados para o afastamento do Direito Penal dos conflitos domésticos e familiares. Ao invés disso, foi afastada essa hipótese e terminou-se por enrijecer o Direito Penal e trazer para essa modalidade de crime a possibilidade da prisão provisória, que aqui é a verdadeira pena, já que os crimes não apresentam penas altas em abstrato e essa pena

8 Conferir, entre outros trabalhos: CASTRO, Lola Aniyar de. Matar com a prisão, o paraíso legal e o inferno carcerário: os estabelecimentos "concorde, seguros e capazes" *Depois do Grande Encarceramento*. Rio de Janeiro: Revan, 2010.

atinge toda família. Nessa situação venceu mais uma vez o discurso da punição simbólica. Em muitos pontos, perdem tanto as mulheres como os homens, porque se propagam de todas as formas as desigualdades". Marília, por que homens e mulheres saem perdendo, por que que a família sai perdendo nessa entrada do Direito Penal nos conflitos existentes dentro do lar? É um tema que é muito delicado já que foi uma bandeira de luta do movimento feminista, das mulheres, mas por que a tua pesquisa aponta na direção de se tomar muito cuidado e de se fazer um questionamento em relação à entrada em vigor da Lei Maria da Penha e a sua história?

Montenegro: Vamos lá, é um tema delicado. Agora, até podemos voltar a falar dessa temática com mais calma porque a fala pode ser facilmente apropriada por outros discursos. Quando pensamos na violência doméstica contra nós mulheres, e aí queria voltar um pouco antes, em 1995, quando surge a lei dos juizados especiais criminais, que nos faz pensar as alternativas penais, obviamente num número muito restrito de crimes, crimes que efetivamente não prendiam. Essa nova lei apresentou outros caminhos para a responsabilização que foram chamadas de medidas despenalizadoras. Quando esses juizados começaram, esses juizados cíveis e criminais (o juizado cível tem uma outra trajetória, embora esteja na mesma lei), quando eles começaram a ser aplicados, percebemos, especialmente nas capitais onde eles surgiram, a dimensão que a violência doméstica tomou nesses espaços.

O professor Luciano Oliveira, aqui da UFPE, escreveu uma pesquisa na década de 1980 que trata de uma investigação em delegacias de polícia de bairro, em que ele vai perceber como o comissário, que ele vai chamar de sua excelência[9], como é que

9 OLIVEIRA, Luciano. *Sua excelência o comissário*: e outros ensaios de so-

ele resolve esses conflitos. Então, como é que ele chegava ali e tinha brigado com a mulher, tinha brigado com vizinho e aquilo era feito e resolvido, ainda que informalmente, na própria delegacia. Com a lei 9099, de alguma maneira, isso veio para os juizados e passou a gerar números, o que não acontecia na delegacia, porque aquilo mal era registrado, estava lá num caderno como diria o professor Luciano. Quando essa lógica chega no Juizado, começamos a dizer que a violência contra a mulher está aumentando. Está aumentando ou ganhou a visibilidade a partir da entrada no Judiciário?

Mondaini: Passou a ser registrada, não é?

Montenegro: Isso. Aquela cifra oculta de alguma forma diminuiu da década de 1980 para década de 1990, mas não significa que na década de 1990 as mulheres estavam apanhando mais ou menos do que na década de 1980. E aí começamos a ter esse movimento de entrada no Judiciário. E, realmente, para o Judiciário era um volume de trabalho que ele não conhecia. A ideia das medidas alternativas também tem uma ligação muito forte com a redução do trabalho, a simplificação dos procedimentos. E ali o Judiciário junto com o Ministério Público começaram a criar situações que não tinham previsão legal, reproduzindo, de alguma forma, determinadas práticas que aconteciam nas delegacias. Um exemplo disso é a chamada "pena de cesta básica". Isso não estava previsto em canto nenhum. Essa mulher vítima chegava no Juizado, o homem não ia e perguntavam: "mas a senhora sabe onde ele mora? Levem para ele a intimação, chame ele para vir para cá". Ou seja, em nome de uma informalidade, se

---

ciologia jurídica. Rio de janeiro: Letra legal, 2004.

começou a fazer uma série de "adaptações". Situações, aqui em Recife, mas que é possível pensarmos que aconteciam em vários locais no nosso país, replicando essa lógica: "não, isso aí não é grande coisa". Esse homem não era visto, e não é visto até hoje, como homem socialmente perigoso, ele é perigoso para aquela mulher. Na Audiência de Custódia, o juiz ou promotor pedem para ele entrar algemado, não vão estar preocupados com a figura dele. A "única" coisa que ele fez foi dentro da sua "própria casa". Então isso vai mexer com uma lógica muito grande que vai impactar em nós mulheres, obviamente, no movimento feminista, mas também vai impactar nessa lógica de resposta do Judiciário. Quem são as pessoas que vamos ter que dar conta? Então teremos uma série de experiências nos juizados no Brasil inteiro, experiências que podem em algum momento ser tratadas como formas positivas, mas outras experiências do que se pode chamar de processos de revitimização dessas mulheres, ou seja, "foi só isso mesmo? Aconteceu assim ou não aconteceu? Mas a senhora provocou?" As vítimas começam a passar ou a viver esses processos, e muitas vezes quando vinham essas penas alternativas e essas penas de cesta básica, era quase que você tirar da família esse recurso. Essa é uma outra crítica que podemos pensar, ou seja, aquela pessoa que já tinha um recurso muito pequeno, se ele era condenado a dar cesta básica para uma instituição de caridade, a própria mulher dizia: "olha, eu preferia que ele desse a cesta básica para nossa família do que dar para uma instituição e tirando essa alimentação da nossa família".

Então, a complexidade dessas situações é enorme. Cada situação, cada história. Essa mulher tem uma história, a história desse homem, a história dessa família. E aí vem para a lógica do Direito Penal que reduz o conflito para o tipo penal. E então você vai dizer que esse homem de alguma forma não se enquadrava nesse lugar de uma pessoa que pensasse ou merecesse algum tipo de punição. E esse movimento da Lei 9099 vai nos demonstrar muitas coisas, mas comprova especialmente como nós juristas temos dificuldade de lidar com essa forma de conflito. E obviamente vem um movimento muito importante no nosso país, do qual desse movimento nós vamos ter como resultado a Lei Maria da Penha, que é uma lei importantíssima, obviamente. Mas é muito complexo quando denominamos uma lei com nome de alguém, especialmente no Direito Penal, porque é como se fosse apontado um paradigma de vítima. Eu tenho todo respeito e admiração por Maria da Penha, mas é como se, ao mesmo tempo, quando a lei é nominal, procuramos Maria da Penha ali. Então é possível escutarmos: "ah não, mas também quer ser Maria da Penha". Como se tivéssemos que colocar essa vítima, mais uma vez, dentro de um padrão, ora o da mulher honesta, ora da mulher que pode ou não ser vítima.

Mondaini: E sendo um caso extremo de violência, não é?

Montenegro: Isso. Um caso extremo de violência, de uma mulher de classe média, toda uma lógica diferente da maioria das mulheres que estão no juizado, um perfil socioeconômico totalmente diferente da massa das mulheres que procuram esses espaços do juizado. Então, a lei Maria da Penha é um avanço enorme. Ela tem pouquíssimos dispositivos sobre o Direito Penal, mas foram esses que mais se destacaram. Então, aí vem, quando o Direito Penal chega em uma lei, ele tem essa capacidade mesmo de ir se expandindo. Por que? Porque ele não tem muito custo, não é? Ele não tem. O custo dele já está lá. A prisão já está lá, o Judiciário já está lá.

Então, se pensarmos na discussão de igualdade de gênero, de raça, a lei Maria da Penha trata tudo isso no artigo 8°. Mas qualquer Câmara de Vereador quer derrubar isso dizendo que não pode discutir gênero nas escolas. Então, perceba, fora do âmbito penal avançamos pouco de 2006 para cá. Nas discussões sobre gênero, sobre raça, sobre classe social – e discussão disso dentro dos aspectos educacionais, do ensino básico até a universidade – não conseguimos, embora a lei Maria da Penha diga que isso deve fazer parte dos currículos escolares, em todos os níveis. Mas os "avanços" da lei Maria da Penha são em matéria penal. Então, esse é um ponto importante também para pensarmos tanto os retrocessos que nós tivemos, não é? E para nós aqui em Pernambuco, porque a ideia foi associada à "ideologia de gênero", inclusive muitas vezes associada, de maneira totalmente distorcida, ao nosso Professor Paulo Freire. E então você vai pensar assim, essa lógica, que a lei Maria da Penha não consegue avançar de 2006 para cá, mas nos últimos anos, onde foi que ela mais avançou? Em tipificações penais. Então, nesses últimos processos – e veja, quando estão levando isso para o Congresso Nacional, isso passa sem oposição. É como se, ali, todos os partidos estivessem concordando que violência contra a mulher é algo muito sério e tem que realmente ser punida.

Importante destacar que, nos últimos anos, foram aprovados vários projetos de lei e vários tipos penais novos que aumentam a pena da violência doméstica, que inclusive retiram a possibilidade da mulher se manifestar durante a situação. Acredito que isso nos diz muito também desses últimos anos. O esvaziamento dos recursos que tratam da prevenção da violência contra nós mulheres e, ao mesmo tempo, o enrijecimento do Direito Penal em relação a isso.

Está enrijecendo para quem? Então, quando se aplica esse Direito Penal, quando se aumentam essas penas com relação à violência contra a mulher, quem irá sofrer esse impacto? A lei Maria da Penha traz perspectivas importantíssimas, como a criação do juizado específico para tratar desse problema, um juizado com competência civil e criminal, mas ele foi apropriado totalmente pela lógica do Direito Penal.

Aqui gostaria de retornar para a Audiência de Custódia, que já sinalizamos como um grande avanço, mas encontramos muitos problemas quando nos deparamos com a violência doméstica na Audiência de Custódia.[10] Então, onde é que teve um conflito em que a Polícia Militar é rapidamente acionada? A Polícia Militar leva aquele homem preso na hora? E aqui vai se discutir que homens são esses, que são presos por violência doméstica?

Um grande problema é buscarmos, mais uma vez, a lógica do sistema penal e a ameaça da prisão para conflitos que, como regra, poderíamos resolver de outras formas. E, por vezes, essa mulher será moralmente julgada: "está vendo que essas mulheres gostam de apanhar? Está vendo que essas mulheres vêm para cá pedindo para soltar esses homens?" E por que não escutarmos essas mulheres? É algo que precisamos discutir e que o movimento negro do nosso país vem nos ensinando muito. De pensar que mulheres são essas que são julgadas, muitas vezes, por outras mulheres também. Eu digo que são julgadas porque elas passam por um processo de julgamento. No momento que elas entram na Delegacia da Mulher ou no momento que a Polícia Militar a acessa para

10 Sobre o tema cf. VALENÇA, Manuela Abath; MELLO, Marilia Montenegro Pessoa de. "'Pancada de amor não dói': a audiência de custódia e a visibilidade invertida da vítima nos casos de violência doméstica". *Revista Direito e Práxis*, v. 11, n. 2, p. 1238-1274, jun. 2020.

saber se aquela mulher pode ou não ocupar o lugar de vítima, se ela merece ou não estar nesse lugar, se aquela violência contra ela era merecida ou não era merecida também.

Então, quando falamos dos juizados, infelizmente, no nosso país, encontramos um processo que esbarra na revitimização dessas mulheres. A dificuldade, não posso dizer assim, a dificuldade é da juíza ou é da promotora ou do promotor ou do defensor público. A dificuldade é nossa também. É nossa de entender como deve funcionar esse local, de entender o conceito de violência ou, como diria o Louk Hulsman, dessa situação problemática e que respostas nós vamos dar para isso.[11]

Uma nova forma de violência que atinge a família inteira, ou seja, esse custo desse homem preso. Só para se ter uma ideia, aqui em Pernambuco, quando um homem é preso provisoriamente, ele não tem acesso a nada. Ele não tem acesso a produto de higiene, ele não tem acesso a roupa limpa, não tem uma lavanderia, tudo depende da família, inclusive se ele usar uma roupa limpa, quando eles usam camisa, porque o calor é tão grande que, muitas vezes, só se usa bermuda.

Então, você está dizendo assim: "eu vou botar esse homem preso". E ele vai precisar de alguém que leve um pedaço de sabão para ele tomar banho, vai precisar de alguém que leve uma comida para ele comer. Quem é que vai fazer isso para ele? A quem ele vai pedir isso? O custo da prisão é algo que pensamos muito pouco no país e sobre isso existem algumas pesquisas. Infelizmente, a pandemia impediu uma pesquisa muito grande do Departamento Penitenciário Nacional com a UFMG, em que Pernambuco fazia parte aqui na UFPE, para se tentar entender o custo de uma pri-

11 Cf. HULSMAN, Louk CELIS, Jacqueline Bernat de. *Penas perdidas*. O sistema penal em questão. Trad. Maria Lúcia Karam. Niterói: Luam, 1993.

são para a família. É assustador escutar os familiares. Eu tive essa possibilidade antes da pandemia, de entrevistar tanto a família quanto as pessoas que estavam aqui em privação de liberdade e saber que elas dependem, para estarem vivas, da família, porque senão elas não têm nem um sabão, fora a água, não existe água em grande parte do nosso sistema prisional pernambucano.

Mondaini: Marília, se imagina que a prisão atinge única e exclusivamente o preso, e o impacto sobre a família, o impacto sobre o círculo de amizades que existe em uma determinada comunidade é muito grande, é muito grave. No início da entrevista, nós falamos de como o Direito Penal entra em cena, de como o núcleo duro do Direito Penal entra em cena para resolver problemas da pobreza. E você transcreve entrevistas que tocam num problema de saúde pública. Vários dos relatos de mulheres que sofreram algum tipo de violência indicam o mal causado por uma droga, uma grande droga que destrói famílias, que é o álcool. Nesse caso, o núcleo duro do Direito Penal entra em cena para resolver um problema que deveria ser solucionado, na verdade, no campo da saúde pública. Não é, Marília?

Montenegro: Perfeito. Quando as pessoas acessam os espaços prisionais, não existe nenhuma lógica de você pensar sobre isso. Pelo contrário, a única dificuldade dele é saber como ele vai conseguir o álcool lá dentro. Porque ele é uma pessoa dependente daquela substância, e ele vai fazer de tudo para conseguir que aquele álcool entre no sistema. E ele vai entrar no sistema. Isso vai trazer um custo para essa família de novo. Então, por vezes, apresentamos respostas que só pioram, porque esse homem vai sair do sistema e, de alguma forma, voltará para perto dos familiares.

O que acontece com a vítima de violência doméstica que é diferente das demais vítimas? Ela vai ao sistema prisional. Ela tem que ir. Ou se ela não vai, vai a mãe dela, vai a sogra, vai o filho dela. Ela tem acesso a esse lugar que não tem nenhuma racionalidade. E, por vezes, quando a mulher entra ali, parece que é um mecanismo, obviamente, de dizer assim, e a gente escuta muito isso das mulheres, especialmente quando o homem tem esse processo da prisão provisória: "olha, eu sei que ele errou muito, mas ele já pagou pelo que fez, eu quero tirar ele dali. Ele só está aprendendo o que não presta". E nós, efetivamente, sabemos disso. Todos nós sabemos disso, não é? Estamos cientes, de alguma forma, do que acontece nesses espaços. Cientes disso e coniventes em relação ao que acontece nesses espaços.

Então, eu acho que quando algumas vítimas entram nesse espaço, o desespero delas realmente acontece. E aí ela se coloca contra o sistema da forma que ela consegue. E ela é colocada num lugar, que é um lugar muito próprio para nós mulheres, o lugar da loucura, da pessoa que não sabe o que quer, que não sabe o que diz, que não compreende o que está fazendo. E essas mulheres são bastante silenciadas. Quando não, são ameaçadas de serem processadas por denunciação caluniosa: "se você está reclamando tanto, vai ver ele não fez isso que você disse que ele fez". Então, é muito difícil para nós escutarmos uma crítica dessa pena. Mesmo quando sabemos o que efetivamente ela produz. Então, acho que isso tem que trazer uma reflexão maior, ou seja, precisamos conhecer mais esses espaços. E nesse ponto, nesses casos em que a prisão provisória chega na violência doméstica, e já sabemos que ela geralmente vem, ou quase sempre, pela Polícia Militar. Então, que público é esse? E que vai ser um processo totalmente diferente quando ela vem através da Delegacia da Mulher, sem a prisão em flagrante, aquilo ali pode ser investigado. São processos diferentes, são formas diferentes. Ou de mulheres que nunca iriam à Delegacia da Mulher. Elas vão para um escritório de família, para um atendimento psicossocial. E ali elas vão resolver, de outras formas, os seus conflitos. Mas o Direito Penal simbólico fortalece de alguma forma uma parte das mulheres, que tem essa "estrutura penal" como opção. A maioria das mulheres não têm escolha. A única forma dela acessar à justiça é indo para uma Delegacia de Polícia. Criminalizando a sua família, porque não deixa de ser isso. Quando ela chega lá, ela também criminaliza a sua família.

Mondaini: Ou seja, Marília, uma questão que é, na verdade, uma questão relacional de conflitos que acontecem numa relação estabelecida, acaba gerando, através dessa intervenção do Direito Penal, a construção de um estereótipo desse homem mau, desse homem espancador, violento e assim por diante. É mais um processo também de individualização, de um processo que, na verdade, acontece no âmbito de uma relação.

Nós poderíamos realizar uma entrevista inteira sobre a problematização da lei Maria da Penha. Só que você acaba de também concluir uma pesquisa do Conselho Nacional de Justiça sobre os acordos de não persecução penal, que estão contidos no chamado Pacote Anticrime aprovado em 2019. Quais foram as conclusões a que vocês chegaram sobre os acordos de não persecução penal?

Montenegro: Essa foi uma pesquisa que nós fizemos aqui na UFPE, com o financiamento do Conselho Nacional de Justiça. Foi coordenada pela professora Manuela Abath Valença, professora também da UFPE, de Processo Penal, e por mim, com vários pesquisadores de várias regiões do país e com várias universidades envolvidas. E pensar um pouco, contextualizar, o acordo de não persecução penal vem dentro dessa lei recente conhecida como Pacote Anticrime, que já é um nome complexo. Então, a ideia desse Pacote Anticrime, que prometia para a população, no seu discurso, combater também a corrupção. Já vem aquela nossa discussão do combate à corrupção a partir do enrijecimento do Direito Penal. Esse pacote como um todo traz, como tudo, alguns avanços, algumas coisas que já tinham sido discutidas, mas ainda saíram com muita dificuldade para serem implementadas, e traz outras coisas que começaram a ser aplicadas mais rapidamente como o acordo de não persecução penal, que nasce na própria pandemia. Mas o interessante é que, nesse pacote, vamos encontrar também o enrijecimento da progressão de regime, ou seja, da pena privativa de liberdade no seu núcleo duro, como você utilizou aqui também, dificultando a progressão, mantendo pessoas mais tempo em regime fechado e em regimes mais severos. Ou seja, isso vem totalmente numa falta de diálogo com a própria discussão do Supremo, do Estado de Coisas Inconstitucional do Sistema Prisional.

Por outro lado, a partir dessa lei, passamos a ampliar as situações em que o processo penal pode ser afastado, inclusive na própria corrupção. Então, na hora do enrijecimento foram apresentadas saídas para a corrupção. Não quero dizer que devemos endurecer as penas da corrupção etc., não quero entrar nesse discurso, mas o que pacote termina tornando mais severo? O tráfico de drogas, os crimes hediondos, os crimes comuns contra o patrimônio. Aí passamos a ter uma dificuldade maior na progressão de regime, no roubo.

Eu não poderia nem dizer a você, Marco, quantos crimes nós temos, mas eu posso dizer os que prendem. Os que prendem não enchem nossas duas mãos. Então, não é possível pensar em desencarceramento no Brasil se não olharmos os crimes que prendem no nosso país. E então quando chega o Acordo de Não Persecução Penal, ele vai excluir algumas questões. E estarão excluídos os crimes com violência e grave ameaça à pessoa e a violência doméstica. Essas situações não entram na possibilidade de se evitar as respostas tradicionais do Direito Penal. Aí você pode até dizer assim: "poxa, Marília, mas é razoável, violência contra as pessoas ou a violência doméstica em geral, uma situação que percebemos como crescente no Brasil etc.". Mas eu poderia dizer a você que os tipos penais são muito complexos. Vamos dizer o crime de roubo. Roubo é um dos crimes que mais prende os homens no Brasil, inclusive na nossa região. O crime de roubo pode ser de diversas formas. É possível, por exemplo, uma "trombada", a expressão que origina a expressão "trombadinhas", que é aquela pessoa que bate e puxa o nosso trancelim, pega o nosso celular etc. É uma linha muito tênue entre furto e roubo. Um dado que me chamou a atenção, Marco, eu sei que eu poderia falar muita coisa, mas esse me marcou nas entrevistas. Nós escutamos de um/a magistrado/a de um dos estados do país que disse que trabalha numa vara que é praticamente uma vara especializada em roubo de celular. Então, a maioria do dia dessa pessoa é analisando pessoas que roubam celulares e vão presas. É uma situação que nos assusta, todo mundo que está nos lendo aqui deve ter pavor, deve morrer de medo, de estar caminhando e ver levada a sua aliança, ver levado o seu celular etc. Mas estamos pensando em um crime, em que muitas vezes essas pessoas são pegas, muitas vezes esse produto pode ser devolvido como nos casos de tentativa, mas a única resposta que eu tenho para isso é a prisão. E o que é que isso está nos ensinando? O que é que isso está nos dizendo? Por que essa pessoa está se expondo tanto? Porque um crime de roubo – e é por isso que ele tem muito mais dimensão em alguns países como o nosso do que em outros – é um crime de alta exposição para quem pratica. Quem está na Avenida Conde da Boa Vista, quem está na Avenida Agamenon Magalhães, quem está lá e se coloca a roubar algo e sair correndo, ele sabe que pode morrer. Ou seja, para ele praticar esse tipo de situação, é porque ele tem uma vulnerabilidade social muito grande. E a única resposta que o sistema apresenta é retirá-lo por um tempo da sociedade.

Então, posso dizer assim, para a corrupção, para a prevaricação, para o peculato, é possível as alternativas penais. Mesmo que o valor e o prejuízo causado sejam enormes para o nosso país, mas não conseguimos pensar nada além do que enjaular uma pessoa porque ela roubou ou furtou um telefone celular. Então, acho que isso diz muito sobre o que são as alternativas penais do nosso país, diz muito para quem são as alternativas penais, quem se quer enjaular, quem se quer neutralizar. E parece que o pânico aumenta a cada dia sobre esse tipo de situação que, na verdade, é sobre essas pessoas que estão na nossa cidade e só conseguem esse tipo de situação para conseguir uma renda para sobreviver.

Mondaini: Marília, nós estamos chegando ao final da entrevista e eu gostaria de direcionar uma pergunta à guisa de conclusão. Por que a criminologia crítica que te inspira, por que o abolicionismo penal são referências fundamentais para a construção de uma reflexão crítica à atual situação do sistema prisional, pensando de maneira mais ampla, à atual situação da segurança pública, a esse processo de encarceramento em massa, do encarceramento, vou usar a tua expressão, encarceramento dos "mesmos", sem fim? No teu artigo, você falava ainda de uma situação de 600 mil presos no Brasil. Esse número cresce de uma maneira tão veloz, o último dado do final de 2022 é de uma população prisional, carcerária no Brasil, de mais de 800 mil pessoas, 930 mil pessoas. Por que a criminologia crítica e o abolicionismo penal são fundamentais para a construção de um olhar reflexivo, crítico, problematizador em relação a essa situação?

Montenegro: Marco, acho que a criminologia crítica latino-americana, especialmente, e essas nossas criminólogas e nossos criminólogos que nos inspiram tanto, nos provocam primeiro a pensar a partir dessa nossa realidade, a entender como é que isso funciona. E quando pensamos nos abolicionismos, na lógica abolicionista, poderíamos pensar que isso é uma utopia, algo que é inalcançável. E o professor Louk Hulsman e a professora Vera Malaguti sempre nos lembram disso. O maior fracasso é a pena de prisão. Não há nada que mais comprove um fracasso ao longo da nossa história do que essa pena. Então, estamos falando de fracasso, se está falando de algo que não deu certo, estamos falando exatamente da pena privativa de liberdade. Então, o abolicionismo nos provoca a reconhecer isso. E nos convida, nos convida mesmo, a pensar sobre outras formas de responsabilização.

O primeiro passo é reconhecer que existem violências contra nós, mulheres, mas diante desse reconhecimento é necessário pensar novas respostas. Estamos calcados numa sociedade que é machista, numa sociedade que é racista, e aí é claro que essa diferença entre as mulheres vai acontecer. De que mulher estamos falando, de que contexto estamos falando. Mas também sabemos o que esse sistema penal é capaz de reproduzir. Então, eu acho que o abolicionismo nos convida à criatividade e nos convida ao reconhecimento do lugar que nós estamos. E a criminologia crítica latino-americana, ou seja, com tudo isso que o nosso continente, o nosso país, agregou à criminologia crítica, a partir da nossa realidade, nos convida a fazer. Obviamente que essa leitura vem com uma crescente muito grande, especialmente com o feminismo negro. No mundo, nos Estados Unidos, mas também no nosso país, a partir da nossa realidade. Então, eu acho que temos muito a crescer e a nos reconhecer como país e como buscar nossas próprias soluções a partir dessas violências que estruturam a nossa própria existência.

CAPÍTULO 3
ANTIPUNITIVISMO E JUSTIÇA RESTAURATIVA

Vera Andrade

Marco Mondaini: Professora Vera Andrade, existe um texto teu, que muito me agradou ler, que traz uma reflexão sobre a relação que deve existir entre abolicionismo penal e garantismo. Nesse texto, se apresenta o necessário horizonte utópico do abolicionismo penal, mas fazendo a ressalva da necessidade de existência de uma mediação, de um método, que é exatamente o método garantista, o minimalismo garantista. Para iniciarmos essa entrevista, eu lhe pediria para dizer o porquê da importância da manutenção desse horizonte utópico do abolicionismo penal com esse método do garantismo, com essa mediação do garantismo.

Vera Andrade: Essa questão eu considero muito importante e, por isso, realmente tenho trabalhado sobre ela. Eu acho que no Brasil existem muitos mitos, muitos sensos comuns desvirtuados acerca do que vem a ser ou o que não vem a ser o abolicionismo, e uma dessas leituras que eu considero distorcida é a oposição entre ser abolicionista ou ser minimalista. Parece que isso sintetiza grande parte da preocupação dos juristas, deles se autointitularem minimalistas ou abolicionistas e colocarem essas duas posturas em sentido antitético. Em muitos dos debates coloquiais, eu vejo isso. Nesse texto em especial, o que eu quis demonstrar é que a oposição do abolicionismo não é o minimalismo, mas sim o eficientismo penal, o punitivismo populista em expansão sobretudo a partir da era neoliberal, que é o grande risco para a democracia, que é o grande momento de autoritarismo do sistema penal e que é o alvo da nossa luta comum. Eu tento reunir, convergentemente, abolicionistas e minimalistas mostrando justamente que, sem ter uma utopia abolicionista a médio e longo prazo, nós não conseguimos, por mais importantes que sejam as nossas lutas, tentar fazer uma ultrapassagem, uma superação, da pena. Então, para todos aqueles que acham que a pena é o mecanismo mais perverso, mais violento, de controle social e desejam superá-la, tem que haver no horizonte a utopia abolicionista. A utopia abolicionista é aquela que nos faz caminhar, nos faz avaliar todas as nossas táticas, e nessas táticas, nessas estratégias, eu coloco a necessidade de um contínuo marchar minimalista de redução do sistema, respeitando as garantias penais e processuais. Ou seja, tendo como rota um minimalismo garantidor de todos os direitos e prerrogativas, de todas as partes envolvidas nos processos de criminalização. Então, evidentemente que o movimento abolicionista, as teorias abolicionistas, não são ingênuas a ponto de imaginar que nós podemos um dia dormir com o sistema penal e acordar sem sistema penal, sem um processo histórico de mediação, de mudança do método punitivo. E assim caminham as obras de Alessandro Baratta e de Eugênio Raúl Zaffaroni, por exemplo, nas quais eu me inspiro para propor uma utopia abolicionista com uma metodologia minimalista garantista - eles fazem isso, sobretudo, diante do assombroso encarceramento que toma conta do globo, no mundo do capitalismo de barbárie, do capitalismo neoliberal. Eles trabalham isso. Alessandro Barattano ao nível da política criminal minimalista e Eugênio Zaffaroni em torno de uma dogmática redutora da violência do sistema penal. Então, acredito que esse é o caminho com o qual nós nos filiamos e consideramos mais próspero, mais importante, mais fecundo, para essa árdua luta que é a redução do sistema penal.

MM: Ainda numa fase introdutória, gostaria de fazer referência a um outro texto teu que está em um pequeno livro, um pequeno grande livro, que reúne vários textos sobre abolicionismo e se faz a defesa da ideia de que o abolicionismo é uma palavra que tem que ser sempre conjugada no plural, ou seja, abolicionismos. Você faz uma série de advertências sobre esses mitos negativos, sobre o que seja o abolicionismo. Você poderia elencar dois ou três desses mitos que envolvem a ideia de abolicionismo? Entre os quais esse de que existe apenas um abolicionismo penal.

VA: A ideia de que existem vários abolicionismos, no sentido de que a própria visão simplista, a própria visão de senso comum sobre o abolicionismo, não tem essa dimensão e trabalha isso de maneira singular, de maneira monolítica, de modo a tentar melhor alvejar algo que na verdade não é nem explicitado pelos críticos. Não existe um abolicionismo porque, do ponto de vista teórico, existem várias vertentes que vão do estruturalismo de Michel Foucault ao feminismo negro de Angela Davis, passando por Louck Hulsman, pela fenomenologia, Thomas

Mathiesen, pelo materialismo histórico, por Nils Christie, pela fenomenologia estruturalista. No Brasil, nós temos o grupo Nu-Sol, nós temos Edson Passetti, com todo o seu vigor na PUC, nós temos o Guilherme Moreira Pires, nós temos o casal Batista, nós temos Maria Lúcia Karam, enfim. Todos com base na criminologia crítica. Então, nós temos várias esferas de abolicionismo com diferentes pressupostos teóricos, metodológicos, históricos. Porém, o que está em jogo é justamente a superação da cultura punitiva, como denominador comum, e da estrutura punitiva. Da estrutura organizacional, simbólica, da ideologia punitiva que arrasta consigo todos nós em um único senso comum punitivista e, ao mesmo tempo, a estrutura complexa, a engrenagem estrutural, das agências de controle no sentido formal que são as polícias, o Ministério Público, a Justiça e a prisão sobretudo. Os abolicionistas trabalham diferentes níveis de superação dessa cultura e dessa estrutura. No geral, nós podemos dizer que não adianta nada nós focarmos a destruição, o desaparecimento completo, das instituições de controle se nós não trabalharmos a organização cultural e ideológica que alimenta essas instituições, o simbolismo que circula no imaginário social, nas mídias, nas nossas famílias, nas escolas, nas universidades, que é o saber - o senso comum -, o simbolismo e a gramática de toda linguagem punitiva de crime, pena, violência. Porque essa gramática é tão consolidada no mundo ocidental que ela é vista quase como ontológica. Então, um dos mitos do abolicionismo penal é de que se nós eliminarmos essa estrutura e esse simbolismo nós retroagiremos ao estado de caos, ao estado de desordem, ao estado de anarquia punitiva, que seria o estado natural originário antes da concentração do poder de punir pelo estado moderno, e esse é o mito fundacional que faz com que nós trabalhemos com a dicotomia de ordem *versus* caos, como se esse sistema que está aí fosse a garantia de ordem, a garantia de paz. Com todo o saber desconstrutor que é a criminologia, que são as criminologias críticas e os próprios abolicionismos, está demonstrado que ele é o maior produtor de violência. E o estado, para monopolizar a violência, confiscou a vítima do processo decisório dos conflitos. Então, o que o estado confiscou na verdade não foi a violência em si, o que o estado confiscou foi o método de tratar a violência - que se tornou tão ou mais violento.

O outro mito é o da imprescindibilidade da pena de prisão, de que nós podemos reduzir o sistema, fazer e acontecer, mas nós precisamos manter a prisão para os crimes graves. Esse mito também é um mito secularizado, é um mito que tem uma vigência secular na história ocidental, que cola segurança com encarceramento. O enjaulamento que seria a proteção de um "nós" contra "eles".

Esses dois mitos são fundamentais, precisam ser superados, para que nós avancemos em um modelo dialogal de trabalhar as questões da nossa sociedade.

MM: Eu queria passar agora para a pesquisa que você coordenou, financiada pelo Conselho Nacional de Justiça, sobre justiça restaurativa, o que gerou um relatório de quase quatrocentas páginas intitulado "Pilotando a Justiça Restaurativa: O Papel do Poder Judiciário". Eu queria que você apresentasse, usasse esse espaço para apresentar a pesquisa, as principais conclusões, as principais sugestões feitas. E centralmente respondesse à pergunta: que tipo de modelo de justiça restaurativa é esse que vem se formando no Brasil?

VA: Esta pesquisa foi feita com fomento público, através do Conselho Nacional de Justiça, entre os anos de 2016 e 2017 – na verdade, se estendeu até o ano de 2018 dada a envergadura da pesquisa –, que originalmente tinha eu como coordenadora e a equipe formada pela professora Alinne Pedra Jorge Birol e os acadêmicos Marina Leite, Juliana Camargo e mais uns dois ou três acadêmicos que participaram da pesquisa. Nós não tínhamos noção do que ela significasse. Essa pesquisa foi feita mediante a habilitação, no edital em que o CNJ pedia que nós realizássemos um levantamento do estado da arte da Justiça Restaurativa no Brasil naquele momento (2016). E assim fizemos um projeto de envergadura envolvendo pesquisa teórica, revisão bibliográfica da literatura, revisão normativa dos principais marcos normativos da justiça restaurativa naquele momento. Levantamos, também, pesquisas sobre as avaliações já existentes no mundo sobre os projetos de justiça restaurativa e a parte empírica de campo. Nós trabalhamos com critérios, com quatro critérios basicamente, que balizaram a seleção do campo, que foram: atualidade dos projetos que estavam em funcionamento; representatividade – nós queríamos o máximo de representatividade regional; diversidade – nós queríamos visitar projetos que tivessem diferentes experiências de justiças restaurativas; e possibilidade - levando em conta a possibilidade diante do orçamento e da necessidade de tempo que demandaria para transitarmos de Norte a Sul atrás das pesquisas sobre os projetos de justiça restaurativa. A demanda, o objeto central, era então entender o estado da arte, quando essa justiça restaurativa tinha chegado ao Brasil, como ela estava sendo conduzida, com que marcos teóricos, com que métodos, com que recursos humanos e materiais, com que objetivos, definir o rosto desses projetos. Nós tínhamos como bússolas duas publicações recentes de duas resoluções do CNJ, a nortear os projetos de justiça restaurativa no Brasil, que são: a resolução número 129, que havia sido publicada no ano de 2010 versando sobre a política judiciária de métodos alternativos de resolução de conflitos, onde se dava ênfase à medição, e, em 2016, a resolução número 225, que dava ênfase a uma política nacional judicial de justiça restaurativa. Então, essa recente resolução publicada em 2010 vem com uma série de diretrizes para nortear a construção de programas de justiça restaurativa no Brasil nos diferentes estados e tribunais. Nós fomos a campo e elegemos, com base nesses critérios, os estados do Rio Grande do Sul, Santa Catarina, São Paulo, Minas Gerais, Pernambuco, Bahia e Distrito Federal.

Distrito Federal, Rio Grande do Sul e São Paulo porque estavam na frente de todos por já terem tido anteriormente experiências de projetos pilotos, financiados pelo Ministério da Justiça e pelo PNUD. Esses três estados saíram na frente no Brasil, e, pelas nossas pesquisas, Pernambuco, Bahia, Santa Catarina e Minas Gerais estavam também à frente em termos de maturidade e de diversidade de projetos. O que nós vimos, em linhas gerais, foi que essas resoluções do CNJ alavancaram em termos quantitativos a produção de projetos de justiça restaurativa no Brasil, que apesar de nós termos eleito sete estados, vinte e dois naquela época já estavam contando com projetos de justiça restaurativa. Então, nós recortamos o estudo como sendo um estudo de justiça restaurativa judicial, porque o *locus* da pesquisa seria o poder judiciário e nós identificaríamos as suas várias localizações. E onde estavam, e estão, se sediando esses projetos? Nesses projetos, nós identificamos primeiro, em nível processual no sistema de justiça internamente, três espaços: no Juizado da Infância e da Juventude, no Juizado Especial Criminal e nas Varas de Violência Doméstica.

Esses três espaços são os espaços fundamentais, onde estão sendo realizados programas de justiça restaurativa processual. Além disso, nós encontramos experiências, muitas experiências, de justiça restaurativa vinculadas com o judiciário, mas que estão sendo realizadas no nível pré-processual, isto é: nas polícias, nas guardas municipais, nas escolas, nos estádios de futebol, nos serviços públicos e nas cidades de um modo geral. E, por último, nós identificamos projetos localizados no processo pós-processual, ou seja: nas varas de execução de penas privativas de liberdade, nos presídios e na sócioeducação, nos estabelecimentos de cumprimento de medidas socioeducativas. E nesses espaços nós realizamos a nossa pesquisa. Acontece então: qual a justiça que temos hoje no Brasil? Nós temos uma justiça restaurativa em nível judicial que está se construindo por dentro do sistema penal e socioeducativo. O protagonismo é do judiciário.

O protagonismo nesse modelo que estamos usando é do judiciário, tanto significando protagonismo de juízes e desembargadores que estão conduzindo esse processo quanto do apoio institucional do próprio poder judiciário e do CNJ, sobretudo porque a entrada do modelo restaurativo no sistema penal é de longe uma unanimidade, é de longe um consenso.

Ingressar com experiências restaurativas no interior do sistema de justiça exige uma luta constante contra-hegemônica, realizada por todos os seus protagonistas - que são não apenas os magistrados, mas também os de vários funcionários locais, funcionários que apoiam defensores, promotores, funcionários da sócioeduação, psicólogos, professores, assistentes sociais, voluntários. Então, é preciso dizer que se o judiciário é um instrumento de controle social conservador, entrar com experiências de justiça restaurativa exige uma enorme energia e uma luta permanente para conseguir tudo - desde um espaço para alocar os programas, desde tempo porque as jornadas desses funcionários vão acontecer paralelamente às suas jornadas oficiais. Então, tudo vai se dar a partir de um protagonismo personalizado, mais um voluntariado, porque, apesar da resolução do CNJ dispor sobre quase tudo, o dinheiro não vem do judiciário, ou vem em muito pouca medida.

MM: Você fala que a iniciativa vem de dentro do poder judiciário, mas a partir de um determinado momento você elencou uma série de servidores técnicos como psicólogos, assistentes sociais, que exercem um papel muitíssimo importante nas varas de família, nos juizados. Então, quando você fala que, na verdade, as iniciativas vêm de dentro do judiciário, significa que esses profissionais, esses servidores, levam para dentro do judiciário uma visão não positivista devido à sua própria formação dentro dos cursos? Existe um perfil do juiz, do desembargador, que está à frente de um programa, de um projeto? Ainda que não tenha sido o objetivo da pesquisa, vocês conseguiram perceber qual é o perfil desse profissional?

VA: Sim, a criação dos programas de justiça restaurativa envolve todo o pessoal de uma determinada vara – todo o pessoal que concordar, que se habilitar. O que nós vimos? Nós vimos uma identificação ideológica. O que está na base dos protagonistas? Uma rejeição à forma tradicional do sistema de justiça, é aceitar a deslegitimação do sistema de justiça, é aceitar os danos que esse sistema produz e partir para a construção de um novo paradigma. Isso está na base. Nós percebemos então o humanismo, a evitação do encarceramento, o minimalismo, tirar os conflitos do sistema de justiça e criar um outro canal, ainda dentro dele, para escoar as questões que, ao ver desses protagonistas, é menos violento, dentro dos seus modelos ideais, e que não resulta em encarceramento. Então, isso envolve todos os profissionais. Onde estão os projetos? Estão nas varas, estão na Vara da Infância e da juventude, no Juizado Especial Criminal, nas prisões, e eles envolvem os funcionários sim. E esses funcionários, a maioria deles, são pessoas que têm identificação e idealismo - isso é claro de identificar -, que estão empolgados com esses projetos e que acreditam neles. E outro detalhe importante: maciçamente mulheres. A presença do feminino, de um feminino que corresponde à ética do cuidado, em uma justiça restaurativa que caminha para esse lado, para um paradigma do encontro, do diálogo, da solidariedade. Isso, em detrimento do paradigma da apartação, da exclusão e da crueldade que é o paradigma punitivo. Vimos *aí* a presença maciça de mulheres.

Faltou dizer que a justiça restaurativa está se conduzindo no Brasil, e isso é muito importante, para a questão do "rosto". Porque a justiça restaurativa não é um modelo ontológico, é um paradigma aberto que vem sendo construído nos cinco continentes de maneiras bastante flexíveis e adequadas aos contextos. Aqui no Brasil, temos bastante influência do modelo americano, sobretudo a partir da obra do Howard Zehr, que é um dos expoentes, e da obra sobre círculos restaurativos, círculos da paz, da Chris Marshall. O CNJ, então, nos seus artigos preambulares da resolução 225, que moldou a justiça restaurativa, definiu que os ritos restaurativos, no Brasil, onde eles entrarem, podem ser alternativos ou complementares ao processo tradicional - por "processo tradicional" entenda-se "processo penal tradicional" e "processo infracional tradicional". Essa resolução possibilitou a alternatividade da restaurativa em relação ao processo penal e infracional. No entanto, o que nossa pesquisa, nosso corpus, demonstrou é que existe um enorme receio em fazer isso e entrar com a restaurativa fazendo suspender os processos que estão em curso, que, na verdade, *há uma enorme tendência a tramitarem os dois juntos. Então, uma vai para o centro da justiça restaurativa, mas a outra segue o processo infracional.*

Isso, para nós, é um ponto de estrangulamento que necessita ser urgentemente freado, porque o que está se consolidando no Brasil é uma justiça paralela às duas tradicionais e não alternativa - sequer ao processo - ao encarceramento, muito menos a uma justiça como um todo. *À medida que esses processos estão tramitando juntos, nós vimos uma série de consequências*: uma duplicação de processos, uma duplicação de custos, uma insegurança das partes, um medo das vítimas comparecerem sem saber exatamente o que isso representa.

MM: Então, só para deixar claro, a solução para isso que você acaba de dizer, da duplicação do processo, seria no momento em que esse rito da justiça restaurativa começa a ser seguido à extinção do processo penal. É isso?

VA: Suspensão imediata. Porque nós temos uma justiça entrando espontaneamente dentro de outra em que existe muito pouco regramento e muito pouca regulação. Ela não tem autonomia, ela está funcionando às margens da justiça penal, inclusive fisicamente - geopoliticamente. A restaurativa está sempre em uma salinha pequena, alocada, as sessões às vezes chegam a ser feitas no local da audiência, no fórum do tribunal do júri, coisas totalmente atípicas do modelo restaurativo. O espaço deve ser um espaço horizontal, um espaço mais neutro, um espaço que não tenha figuras de autoridade, que não tenha hierarquia. Nós estamos nos acomodando nos cantinhos do sistema oficial, e não existe um princípio, nem regras, que digam quais conflitos vão para a restaurativa.

Nós sustentamos o princípio da voluntariedade. Já existem princípios do juizado especial criminal que excepcionaram o princípio da obrigatoriedade. Já existem precedentes do nosso sistema jurídico para abrir outros princípios, justamente para tirar conflitos da órbita penal sem que eles tenham que concorrer com o processo tradicional obrigatório. Isso desvirtua a entrada, o *input* da justiça restaurativa. Não pode ficar a discricionariedade dos juízes e promotores porque daí eu invoco outro mito da justiça restaurativa: que ela só serve para pequenos crimes, para crimes de baixo poder ofensivo, para crimes menos graves. Essa ideia é que faz com que ela esteja orbitando o núcleo duro do sistema. Existe quase um consenso diante do punitivismo hodierno de que os crimes graves não se prestam à justiça restaurativa.

MM: Eu me lembrei agora, na relação horizontal da justiça restaurativa, de um momento da entrevista feita com a professora Marília Montenegro, quando ela conta que entrava um casal dentro de uma sala de audiência e a mulher perguntava: "mas, vem cá, cadê o juiz? O juiz não está aqui? Se não tem a figura do juiz, isso aqui não vale nada!" Ou seja, é tão profunda essa mentalidade hierárquica, verticalizada, da presença do juiz, que mostra o quanto nesse terreno é difícil de avançar os ideais horizontais da justiça restaurativa.

VA: Essa lembrança é importante em vários sentidos. Nós realizamos as pesquisas paralelamente: Marília Montenegro,

Fernanda Rosenblatt e o grupo Asa Branca de Criminologia, sobre a justiça restaurativa na violência doméstica. E eu, Aline e nossos grupos, realizamos a pesquisa sobre a justiça restaurativa no Brasil em geral. Nós trocamos muito durante essa pesquisa, existem muitos resultados convergentes que demonstram isso, o quanto é fossilizada, mais do que solidificada, a cultura punitiva no Brasil e como é difícil lidar com a ideia de uma vítima protagonista, que é a ideia do abolicionismo, da justiça restaurativa, de trazer a vítima para dentro de uma justiça que funcione com base na relação e não na coerção entre ela e seu outro com o qual ela tem uma relação problemática. E essas vítimas não existem enquanto imaginário de justiça, porque essa vítima não sabe desempenhar esse papel, ela questiona, ela tem insegurança e até medo em relação a esse papel. Quando ela é convidada - e um detalhe, ela tem que ser muito bem convidada para que seja convencida a se sentar com a parte em um rito de justiça restaurativa -, ela tem que ter dinheiro para pagar a passagem, confiança naquele rito. Inexiste uma cultura da vítima protagonista. A justiça restaurativa é uma justiça vivencial, é uma vivência, as partes vão contar as histórias entre si, através de um facilitador, em um espaço de diálogo horizontal e seguro - a segurança de um espaço é a função número um de um facilitador.

MM: Vera, você já usou esse termo "encontro" antes, e eu faço a pergunta porque ele representa exatamente um dos três pilares da concepção triangular da justiça restaurativa. Eu queria que você indicasse esse momento do "encontro", esse momento da reparação, esse momento da transformação que atravessa a prática da justiça restaurativa.

VA: Antes de entrar nesse tripé, na nossa pesquisa nós escutamos - porque a função do pesquisador é escutar - várias coisas a respeito dos objetivos da justiça restaurativa. Então, eu diria que idealmente, quando se começou a teorizar sobre a justiça restaurativa, o movimento iniciou com práticas e a teorização veio depois na passagem da década de 1980 para 1990. Quando se começou a teorizar, então, quando se começou a questionar quais eram os principais objetivos da justiça restaurativa, levantaram-se pelo menos quatro: o encontro, a reparação de danos, a transformação e a responsabilização. O encontro, na verdade, quem trabalhou muito isso no Brasil foi Sócrates Pinto, o magistrado, que foi um dos primeiros a produzir sobre a justiça restaurativa no Brasil, o Pedro Scuro Neto também e o Norberto Egberto. O encontro é o núcleo aglutinador de toda a proposta da justiça restaurativa. Quando você fala de encontro, você traz todas as partes e trazer todas as partes é mudar o centro do paradigma do estado para as comunidades envolvidas, e todas as partes que porventura foram envolvidas em um conflito que pelo sistema penal é definido como crime, e esse encontro sintetiza a ideia de simetria, de diálogo. Só pode haver diálogo, só pode haver contação de história, o desenrolar de um possível pacto, a partir do encontro. Mas nós não podíamos parar aí. Desse encontro, nós precisávamos ter algo, e Howard Zehr com sua obra "Trocando as Lentes"[1] deixou claro que esse centro teria que ser a reparação de danos. Digamos que a obra do Howard Zehr veio pontuar o paradigma de reparação de danos, que tem muito a ver com o direito civil, na minha leitura, que tem muito a ver com a linha reparatória do direito civil e do direito privado, mas sobre novas bases. E a transformação

1 ZEHR, Howard. Trocando as lentes. Justiça restaurativa para o nosso tempo. São Paulo: Palas Athena, 2018.

uniu todos aqueles que entendiam que a justiça restaurativa não deveria servir só para a justiça criminal, só para reparar crimes, que ela deveria se estender como modo de vida para nos ensinar a transformar nosso modo de nos relacionarmos. Ou seja, o que é a justiça restaurativa? É o encontro com critérios, com valores, para que você aprenda a se relacionar de forma não violenta e oferecer respostas não violentas mesmo à violência. Então, seria um paradigma de transformação e aprendizado no próprio uso dela, nós teríamos alternativas, como reparação de danos e outras, que nos levariam ao aprendizado da comunicação não violenta e da não violência. Bem na linha gandhiana. E aí começa a se trabalhar a ideia da justiça restaurativa fundada em um paradigma holístico da sociedade, saindo do paradigma industrial verticalizante e propondo uma nova forma de relação. Eu posso lhe dizer que não são excludentes, são complementares obviamente. Tudo começa com o encontro. A reparação de danos é um elemento fundamental da restaurativa e a transformação também acontece na vivência dessa justiça.

MM: Ao falar sobre essa concepção triangular de justiça restaurativa, falar do encontro, da reparação, da transformação que você indicou, eu pensei nas comissões instauradas no pós-Apartheid na África do Sul, que tinham muito esse espírito da necessidade do perdão e que não à toa foram lideradas pelo Bispo Desmond Tutu. A justiça restaurativa carrega em si, traz em si, alguma coisa desse momento catártico, que passa até mesmo pela confrontação entre aquele que praticou o ato de violência e aquele que sofreu uma violência? Existe esse elemento que deve fazer parte desses processos?

VA: Em primeiro lugar, passando ao Brasil então, falamos de Apartheid, de comissões da verdade e do nível de sofrimento que implicou essa transição e colocou essa experiência no núcleo de um debate sobre justiça restaurativa. A experiência africana é fundacional, ela nos traz um método de aplicação da justiça restaurativa que são as comissões da verdade – um dos métodos mais potentes usados na história – pelo qual nós transcendemos o conflito individual e chegamos com a restaurativa de coletividade. Eu não queria terminar a entrevista sem deixar essa mensagem: que em sociedades colonizadas, como as nossas, como as sociedades africanas, que construíram a sua história com base no modo de produção capitalista periférico e com uma profunda violência colonizadora que se estende através de vários atos de colonialidade, a justiça restaurativa precisa ser decolonizada, precisa ser africanizada lá, abrasileirada aqui – foi isso que a África fez. A África africanizou o legado de uma justiça pensada para o eurocentro e que teve líderes, protagonistas, humanitários de grande envergadura e resultados de grande envergadura, e aplicando isso como uma dor coletiva para uma memória coletiva nacional que de nenhuma outra forma, através de nenhuma pena, poderia ser resgatada a uma unidade nacional. E no Brasil estamos tentando fazer isso com a ditadura militar, com a escravidão. Então, as comissões da verdade estão entre os métodos mais potentes da justiça restaurativa para trabalhar questões de dor coletiva, de dano coletivo, e nenhuma sociedade talvez tenha tantos danos coletivos e tanta memória de sofrimento para trabalhar como a brasileira. Nós temos a escravidão, nós temos a colonização, nós temos as ditaduras, nós temos o bolsonarismo e isso é um espaço potente, muito mais potente, do que qualquer pena e muito mais potente do que qualquer sistema carcerário bárbaro que nós estamos atravessando. Então, aqui na periferia, aqui no Brasil, nós temos que resgatar a brasilidade, o Brasil que não se construiu, mas existe. E é nesse sentido que eu tenho minha utopia de esperança na justiça restaurativa como um método para a democracia como um todo. Nesse sentido, a minha utopia é de que a justiça restaurativa está acontecendo nas escolas, está acontecendo nas cidades, está acontecendo nos serviços públicos, está acontecendo nos bairros, está acontecendo nas periferias de forma autônoma. Ela não é o monopólio do poder judiciário instituído e não está sendo. Mas ela poderá vir a ser, como paradigma emergente, uma justiça autônoma porque ela está sendo colonizada pelo judiciário com o que o judiciário sabe fazer, e ele sabe fazer o tradicional. Então, ela está sendo colonizada sim pela justiça penal, mas ela não precisa ficar nesses confins, ela é feita para discutir racismo, discutir classismo, discutir a dominação indígena, as questões agrárias no Brasil, e nós temos que olhar para a forma como nossos indígenas, os nossos povos ancestrais, fazem as suas justiças para aprender com elas. Foi assim que os europeus fizeram, eles foram até seus ancestrais, enquanto a sociedade indígena aqui é condenada ao silenciamento. E isso se tornou, no bolsonarismo, um crime contra a humanidade, uma criminalidade de profundas dimensões.

MM: Você chama a atenção para a necessidade de a justiça restaurativa ser observada pela lente da complexidade. Quais são os problemas decorrentes do fato de a justiça restaurativa ser vista e observada apenas e tão somente como uma técnica de solução de conflitos?

VA: O que está acontecendo é que ela está sendo apropriada como uma técnica de solução de conflitos, e só assim ela pode estar entrando no judiciário junto com a justiça vigente. Enquanto paradigma emergente, ela é apontada como um programa que pode ser incluído ali dentro e operacionalizado pelos mesmos atores que têm uma formação, um imaginário, classista, positivista, que são representantes de uma classe social específica, de uma etnia específica, e que vão - de regra geral, hegemonicamente - exercer o papel de reprodução do sistema de dominação vigente.

A justiça restaurativa não pode ser vista como uma técnica, que, por ser uma técnica, pode ser usada pelos mesmos profissionais da justiça bastando uma formação prática – podendo essa formação prática ser um curso só porque ela seria uma justiça célere e, portanto, objetivaria desafogar o judiciário. Isso tudo são mitologias, como o mito de que ela só pode ser usada para crimes leves e que ela seria um método alternativo. Tudo isso faz com que ela possa entrar nessa justiça atual, ser colonizada por ela, e criar ilusões de que nós estamos fazendo uma nova justiça, que está desafogando o judiciário, que está melhorando a eficiência do sistema e deixando um tempo maior para resolver os problemas dos crimes graves como tráfico de drogas, roubo, homicídio. Isso é a grande ficção ilusionista que alimenta o atual sistema, apesar de todas as boas intenções dos protagonistas.

Nesse sentido, a justiça restaurativa não é apenas uma técnica, porque ela é um modelo exigente de justiça que propõe mudar não apenas a prática – tirar uma audiência e botar um círculo –, mas sim mudar o modo como nós fazemos a justiça. Tirando o poder do estado penalizado da pena, sobretudo o cárcere, trazendo esse poder em partes para as comunidades.

Como? A partir da quebra do modelo punitivo: trazer a vítima, que está excluída do processo de decisão das questões que lhe dizem respeito, para ser protagonista. No momento em que existe encontro, existe participação das partes, no momento em que existe participação, existe empoderamento. Tudo isso pode ser trabalhado com diálogo e construção de pactos. É isso que se espera de encontros restaurativos, pactos que poderão ser avaliados através de círculos, por círculos e várias pactuações. A justiça restaurativa trabalha com facilitadores e só pode acontecer se existir voluntariedade – ninguém pode ser coagido a fazer justiça restaurativa se não quer, porque ela não é coercitiva –, e os espaços onde ela se realiza devem ser espaços adequados, moldados pelo seu perfil de justiça dialogal, onde as partes vão contar as suas histórias. E um espaço seguro para contar as suas histórias implica o desenvolvimento de técnicas como técnicas de aprendizado, de comunicação não violenta, de escuta ativa, e a função de um facilitador não é o convencimento, não é a persuasão, é garantir esse lugar seguro, é garantir o respeito, que ninguém se ameace, é garantir que as pessoas cumpram os pactos, e aprender a pactuar é o que falta no Brasil. Ou seja, esse tipo de espaço para debate público seguro é um aprendizado, é o que permite a transformação da nossa forma de relacionamento – do julgamento, da condenação, da estigmatização, da estereotipização – rompendo com a gramática punitiva. Num circuito restaurativo, os estereótipos se dissolvem, eles se desmancham, e você vê pessoas de carne e osso. Então é isso, os desafios são enormes, mas a potencialidade do povo brasileiro existe e é real, e a restaurativa pode trazê-la.

MM: Por fim, Vera, qual a importância da criminologia crítica para o desenvolvimento dessa tua forma de olhar essa realidade de sofrimento, de impor sofrimento às pessoas, que é o cárcere?

VA: Foi toda, como um dos maiores alicerces do movimento restaurativo – e continua sendo porque a criminologia crítica também é uma teoria inacabada, aberta. Ela continua sendo uma espécie de controle epistemológico e político das correções do movimento restaurativo no sentido do não desvirtuamento. O não desvirtuamento dos ideais restaurativos que são ideais emancipatórios, ideais humanitários, ideais de solidariedade, ideais de empatia, esses valores é que garantirão a genuinidade ou não de uma justiça vivencial que dê poder às partes para resolver os seus problemas, os seus crimes e decidir como querem caminhar no futuro. Isso implica desempoderar o judiciário e isso só vai acontecer se o judiciário perder poder e se a pena privativa de liberdade for realmente suplantada para os seus movimentos de redução que isso vai implicar. Nós não podemos parar de apostar na criminologia crítica nem no abolicionismo.

CAPÍTULO 4
SUBJETIVIDADES PUNITIVISTAS

Cecília Coimbra

Marco Mondaini: Professora Cecília Coimbra, você sofreu na pele o "braço direito" (coercitivo) do Estado, durante a ditadura militar – período em que foi presa e torturada. Eu queria que você fizesse aquilo que os historiadores franceses chamam de "ensaio de ego história", que é uma tentativa de esclarecer como se chegou ao interesse por uma determinada temática, um determinado objeto de estudo, a partir do próprio relato autobiográfico, da experiência, da vida de historiadores e cientistas sociais. Eu gostaria que você ilustrasse, por meio da tua experiência de vida, como você acabou sendo levada à preocupação crítica com a subjetividade punitivista.

Cecília Coimbra: Bom, esse é um processo de longo tempo. Fui presa em 1970 e bastante torturada, como todos os demais presos à época, em especial porque se travava do governo Médici (1970-1974). Quando completaram cinquenta anos de minha prisão, o Caetano Veloso lançou, em 7 de setembro de 2020, o documentário chamado “Narciso em Férias”, no qual ele narra a sua prisão e as torturas pelas quais passou. Caetano foi preso sem saber por que estava preso, como muitos da época, o que se assemelhava a um tribunal de inquisição. Quando vi esse lançamento, já havia feito depoimentos para as Comissões Nacional e Estadual da Verdade. E, ao longo dos anos, fui trabalhando comigo a questão do ódio que fiquei com relação a todos os torturadores – tanto que fiz questão de guardar o nome de cada um deles. Depois, já no grupo Tortura Nunca Mais, em abril de 1985, quando criamos o movimento aqui no Rio de Janeiro, pesquisávamos muito. Caetano narra em seu documentário o mesmo que aconteceu comigo, o que nunca havia comentado: um soldado - os soldados eram treinados, através de torturas, como acontece no BOPE hoje, para combater o “inimigo” - abriu as grades para Caetano dar um abraço em Dedé, companheira dele na época. Isso aconteceu comigo, no meio daquele inferno e daquela tortura: em uma madrugada, um cabo abriu minha cela e eu e minha companheira de cela (Dulce Pandolfi) fomos ver nossos companheiros presos ali também. E quando ouvi isso do Caetano, eu disse: “gente, eu nunca escrevi nada sobre isso, apenas sobre o horror”. Então, é importante escrevermos sobre as linhas de fuga, as linhas da vida que estão ali também, na prisão. E lembrei de vários outros acontecimentos de resistência e senti a necessidade de escrever uma pequena biografia - *Fragmentos de Memórias Malditas: invenção de si e de mundos* - em plena pandemia. É um livro pequenininho, que saiu pela editora n-1, de São Paulo, onde vou narrar esta questão: como eu, uma ex-presa, uma militante, que queria - e ainda quer - esclarecer as circunstâncias de todas aquelas mortes, desaparecimentos e torturas, que até hoje continuam embaixo do tapete, que até hoje não foram reveladas, não defende o ódio e a punição. Sabemos que os arquivos dos órgãos de repressão não foram até hoje abertos, somente os arquivos dos Dops que nós pesquisamos aqui no Rio e em São Paulo.

O meu contato com Nilo Batista e Vera Malaguti, por exemplo, foi fundamental para que eu começasse a repensar o ódio que me alimentava em minha militância. Lembro que recitava muito uma parte da poesia de Carlos Drummond de Andrade, onde ele dizia: "porém, meu ódio é o melhor de mim" (A Flor e a Náusea), referindo-se aos acontecimentos ocorridos durante o Estado Novo. Em determinado momento, comecei a ler coisas relacionadas ao abolicionismo penal, tendo um contato grande com Vera Malaguti e Nilo Batista - que até hoje são meus grandes amigos. O Nilo tem uma importância muito grande para o Tortura Nunca Mais/RJ, pois, quando era Vice-Governador do estado do Rio de Janeiro, permitiu nossa entrada no Instituto Médico Legal e foi ali que descobrimos uma vala clandestina no cemitério de periferia, em Ricardo de Albuquerque, onde encontramos catorze militantes enterrados como indigentes, cujos os corpos não foram entregues aos seus familiares.

MM: Esse encontro com Nilo Batista e Vera Malaguti se deu na verdade na época em que ele ocupava a vice-governadoria – o Governador era Leonel Brizola – e foi por intermédio dele que você teve acesso ao Instituto Médico Legal e chegou até essa vala. Ou seja, o encontro se deu por uma circunstância política, ativista, e, desse encontro, surgiu a tua preocupação com as questões da criminologia crítica, do abolicionismo penal e do punitivismo?

CC: Isso mesmo. Daí começo a participar do Instituto Carioca de Criminologia, ligado ao Nilo Batista e à Vera Malaguti.

Começo a ler os livros que eles estavam lançando - eles tinham, inclusive, uma revista periódica chamada *Discursos Sediciosos*, que a Vera até citou aqui na entrevista anterior. Tínhamos reuniões em alguns fins de semana, onde vinha um grupo de São Paulo, ligado ao NUSOL (Núcleo de Sociabilidade Libertária) de Edson Passetti. Pessoas muito interessantes com quem trocávamos ideias, e isso vai me fortalecendo a ponto de dizer: "eu não quero mais o ódio orientando minha vida". Lembro que houve um momento em minha prisão que havia muitas mulheres presas, umas oito ou dez em uma cela grande que eles chamavam de Maracanã. Discutíamos muito, dizendo: "tem que fazer justiça mesmo com esses caras! Tem que fazer o que eles fazem conosco!" Aí lembro que, na época, falei: "gente, não podemos fazer a mesma coisa que eles fazem conosco. Nós não somos iguais a eles. Se nós formos iguais, seremos tão fascistas quanto eles".

Era um sentimento que já germinava aqui e que o encontro com o Nilo e a Vera fortaleceu imensamente. E foi aí que comecei a passar do ódio para uma coisa mais ativa e não ressentida. Sair do ressentimento e inventar, criar outra coisa. A minha militância no Tortura Nunca Mais/RJ tem sido isso. Uma outra questão que temos discutido refere-se ao termo política em relação aos desaparecimentos, mortes e torturas ocorridos durante a ditadura. Entendemos que tudo é político, inclusive os desaparecimentos, as mortes e as torturas que ocorrem hoje, principalmente de pessoas empobrecidas. A prisão é sempre uma prisão política, uma prisão do Estado. Os desaparecimentos de hoje, que crescem assustadoramente, são desaparecimentos políticos sem dúvida. Isso tem sido um debate muito rico conosco e com outros grupos de direitos humanos aqui do Brasil e da América Latina - isso foi levado pela companheira Victória Grabois a uma reunião da Federação de Familiares Latino-Americanos (FEDEFAM) para pensar essa questão dos presos políticos, do desaparecido político.

MM: Isso é muito interessante, Cecília. Há pouco tempo eu tive o prazer de conhecer pessoalmente Igor Mendes, aquele jovem que foi preso – o único a cumprir pena – em função dos protestos de 2013, que teve como seu advogado, inclusive, o próprio Nilo Batista. Ele teve que ficar quatro meses preso, porque havia uma ordem judicial em que ele era proibido de participar de qualquer manifestação e que acabou sendo preso em função de um ato cultural. Ele fazia exatamente essa ressalva sobre essa distinção existente entre preso político e a massa carcerária que existe hoje, que seria formada por presos sociais.

CC: Estamos problematizando essa categoria de presos comuns e presos políticos. É uma problematização nossa, do Grupo, e eu acho que está sendo muito rico esse debate. Acho importante trazê-lo aqui, dentro dessa questão da subjetividade punitivista que cada vez é mais forte entre nós.

MM: Pelo que você afirma, o sentimento de ódio em relação ao torturador, ao carcereiro, foi se dissolvendo. Em um determinado momento, você diz que "se a gente defender isso, a gente vai estar se igualando a esses fascistas". A pergunta que eu faço é: durante os quatros anos de governo Bolsonaro, do discurso no momento da votação da admissibilidade do impeachment da Dilma Rousseff, em que ele cita o torturador Brilhante Ustra, até o término do seu governo, como você lidou com esse ódio insistente? Esse ódio retornou de alguma maneira?

CC: Não, não retornou. Você retirar o ódio de você mesmo não significa que você perdoa. Eu não estou dentro de uma perspectiva cristã, não estou nessa perspectiva de jeito nenhum, até porque eu não professo nenhum tipo de religião. Eu não estou "passando a mão na cabeça" de torturador - eu já cheguei a ouvir essa frase na época. Acho que é fundamental que os crimes que essas pessoas cometeram sejam expostos publicamente. Os crimes que Bolsonaro e sua quadrilha cometeram devem ser publicizados integralmente. A sociedade brasileira, e mundial, necessita conhecer todos esses crimes que foram cometidos, essas pessoas devem ser processadas sim. Só que prisão não vai servir de nada. Eu digo assim: "pega tudo que esses caras receberam - roubaram - e deixe-os financeiramente 'com uma mão na frente e outra atrás'". Porque eles enriqueceram graças a esses crimes contra o patrimônio, contra a humanidade. Então, essas pessoas precisam ser conhecidas sim, essas pessoas precisam ser processadas sim, suas famílias precisam saber de todo o arsenal criminoso que mantiveram durante suas vidas e como fizeram fortunas em função disso. Muitos militares foram para multinacionais. Em nossa militância, encontramos vários militares que haviam sido torturadores. Fizemos campanha, denunciando-os, e conseguimos tirar vários deles de cargos públicos. Então, acho que isso não significa vingança como o punitivismo quer. O punitivismo quer que todos nós sejamos policiais de todos, inclusive de nós mesmos. É aquela figura do policial, que policia a si e a todos em sua volta. Isso é terrível! Hoje temos uma sociedade baseada no ódio, no ressentimento, no sujeito que é a polícia de si e de todos os outros. Nós vemos isso na universidade, Marco. Quem não produz está sendo policiado. Tem que produzir. Então, há todo um policiamento na nossa vida, que Deleuze falava:

"continuamos em uma sociedade disciplinar, mas estamos também em uma sociedade de controle, onde o controle se exerce a céu aberto". São nossas subjetividades punitivistas, policialescas, moralistas, julgadoras que precisam ser problematizadas - porque elas estão aqui. Todos esses aparatos de Estado repressivos estão produzindo tais subjetividades em cada um de nós, ninguém está imune a isso. Nós, de vez em quando, tropeçamos, "enfiamos o pé na jaca". É preciso estar atento. Isso não quer dizer que quero vingança, que vou ficar ressentida com esses caras, ou que vou "passar a mão na cabeça". Eu quero que, efetivamente, toda a criminalidade em que esses caras estiveram envolvidos seja conhecida e responsabilizada.

Há pouco tempo, eu dei um depoimento contra o capitão Guimarães, que me "interrogou" no DOI-CODI, para um filme sobre os bicheiros aqui no Rio de Janeiro. Não dá para não falar. Sempre que posso, sempre que sou chamada, eu estou apontando esses caras, pois muitos ainda são vivos – vivos e usufruindo de uma riqueza ganha através desses crimes.

MM: Como se explica que muitos dos setores majoritários da esquerda tenham caído nessa lógica punitivista, tenham aderido à lógica punitivista? E que, cada vez mais, nós escutemos a incorporação do discurso de que "tem que prender, tem que encarcerar". Como você explica isso?

CC: Acho que isso não é de hoje. Creio que isso vem piorando gradativamente. A esquerda, desde sempre, foi punitivista. Fui do Partido Comunista Brasileiro (PCB), e pregávamos sim, muitas vezes, o "olho por olho e dente por dente" – principalmente na luta armada, a qual apoiei e acabei sendo presa por esse apoio. A questão da punição se colocava como algo natural, era uma coisa natural para todos nós. A esquerda fortalece seu punitivismo, especialmente após o impeachment da Dilma, com o governo Temer e o governo Bolsonaro. Lembro de uma cena, que acho lamentável, onde vi nos olhos de companheiros – que eu nem sei se posso chamar de companheiros – o fascismo. Não é que o fascismo não esteja em nós, pois cada um de nós tem sim o fascismo, que está na sociedade, nos atravessando. Quando eu falo de subjetividade, eu estou colocando isso. A subjetividade punitivista nos atravessa e nenhum de nós está imune a isso. O meu encontro com Nilo Batista e com Vera Malaguti foi fundamental para problematizar coisas que eram naturalizadas e continuam sendo naturalizadas pela esquerda. A cena que vi durante o governo Bolsonaro, onde o Caco Barcellos – que é um excelente repórter, tenho conhecimento pessoal com ele, é uma pessoa que nos ajudou muito a descobrir, em São Paulo, a vala clandestina de Perus – foi cercado por pessoas do PT, e de outros partidos e organizações de esquerda, e quase bateram nele apenas porque ele era repórter da Globo. O olhar das pessoas me impressionou profundamente – era um olhar de ódio. Então, nesse momento, onde acontecem guerras planetariamente, onde esse ódio é cada vez mais fortalecido, fica-se rotulando toda e qualquer resistência como terrorista. Esta é uma palavra extremamente perigosa, porque representa a punição em seu grau máximo, porque o terrorista é aquele que merece ser exterminado.

MM: Então, só para lembrar: o uso do termo "terrorista" para caracterizar todos aqueles que participaram do ato de 8 de janeiro de 2023, o uso do termo "terrorista" para caracterizar todos aqueles do grupo Hamas, o uso do termo para caracterizar o Estado de Israel, o uso do termo para caracterizar aqueles que colocaram fogo nos ônibus no Rio de Janeiro e assim por diante. É uma espécie de naturalização do uso do termo...

CC: E de generalização. Mas aqueles do 8 de janeiro são terroristas, o Estado de Israel é terrorista. Precisamos categorizar os nomes também, porque é muito fácil para a direita generalizar tudo.

MM: Cecília, você lançou em 2001 o livro *Operação Rio: o mito das classes perigosas*, que contém fotos tiradas pelo teu irmão...

CC: Tiradas inclusive na própria "Operação Rio". Mostra invasões de domicílios em favelas e periferias. Esse livro foi meu trabalho de pós-doutorado, onde pego um acontecimento ocorrido aqui no Rio de Janeiro - na época em que o Nilo Batista estava como Governador – quando várias intervenções do governo federal aconteceram. Entretanto, essa foi a primeira. A justificativa era lutar contra o "crime organizado".

MM: Cecília, eu vou pedir licença a você, para ler um trecho do livro e depois eu lhe farei uma pergunta: "*Se hoje não temos mais suplícios públicos onde se aplicava a Lei de Talião, temos através do silenciamento de uns e aplausos de outros uma lei emergida e funcionando eficazmente. Uma nova Lei de Talião que é o arrepio das leis vigentes dos países civilizados e, com beneplácito estímulo das autoridades, é aplicada a todos os pobres suspeitos e, portanto, considerados culpados. Uma nova doutrina de segurança nacional que tem hoje como seu inimigo interno não mais os opositores políticos, mas os milhares de miseráveis que perambulam pelos nossos campos e cidades. Os milhares de sem* *teto, sem terra, sem casas, sem emprego, que, vivendo miseravelmente,* põem *em risco a segurança do regime. Daí a urgência em produzir subjetividades que percebam tais segmentos como perigosos e potencialmente criminosos para que se possa em nome da manutenção, integridade e segurança da sociedade, não somente silenciá-los e/ou ignorá-los - o que já não é mais possível -, mas eliminá-los, exterminá-los, através da ampliação, fortalecimento, de políticas de segurança pública militarizadas que apelem para a lei, para a ordem e a repressão".* Cecília, quais são as subjetividades produzidas com propósito de tornar sem teto, sem casa, sem emprego, perigosos e potencialmente criminosos?

CC: São as mesmas subjetividades produzidas durante a ditadura empresarial militar aqui no Brasil, e que continuam ocorrendo nos dias de hoje. Hoje, vivemos em uma sociedade muito mais moralista do que a que vivi no início dos anos 1960, muito mais julgadora. Parecemos mais livres, mas, ao mesmo tempo, existe uma moralização grande e, ao lado dessa moralização, o julgamento e a punição. Então, aqueles que são potencialmente perigosos - eu me lembro de Michael Foucault falando do dispositivo da periculosidade: dependendo da sua origem, se você é pobre, se você é trans, se é gay, se você é mulher, se você é negro, cuidado. É aquela ideia de que "se não fez na entrada, vai fazer na saída". Tenta-se o controle daquilo que ainda pode vir a acontecer, o controle das virtualidades. Este controle é também a imposição do medo: "cuidado que se essas pessoas não fizeram ainda, elas vão fazer um dia". Então, há uma produção intensa do medo, de uma paranoia coletiva como fala Vera Malaguti em seu livro "O Medo na Cidade do Rio de Janeiro". E a proteção é o Estado. Então, pedimos cada vez mais a intervenção do

Estado em nossas vidas. São questões que têm a ver com essas subjetividades policialescas, moralistas, julgadoras, punitivistas e paranoicas que dominam a população, onde o Estado exerce seu controle. E, para nossa segurança, é necessário que esses perigosos sejam presos ou exterminados. Precisamos estar atentos a isso, porque acabamos naturalizando e embarcamos em todas essas subjetividades que estão aí.

MM: Cecília, você citou a questão do moralismo, e um dos principais instrumentos do encarceramento em massa existente hoje no Brasil - no mundo em geral, mas principalmente no Brasil - se deve em particular à guerra às drogas. E você viveu um período que foi um período da contracultura, da revolução cultural, sexual, de experiências com drogas. Eu gostaria que você falasse da força do discurso moralizante hoje em relação à guerra às drogas em um contexto diferente daquele que você viveu nos anos 1960. E, por outro lado, como você observa, por exemplo, as discussões travadas hoje no STF acerca da flexibilização do uso da maconha, sobre a questão de quantos miligramas portados constituem a caracterização de um usuário ou de um traficante?

CC: Vera Malaguti falou muito bem sobre isso e penso como ela. Entendo que todas essas medidas são formas de "enxugar gelo", são para "inglês ver", pois o preconceito, o moralismo e a criminalização estão muito presentes. E, quando colocamos isso em discussão, é que percebemos a questão preconceituosa - e todo preconceito é moralista; o moralismo é explicitado através do preconceito e da criminalização. A divisão entre usuário e traficante já é uma questão que temos que pensar, temos que problematizar. Isso é um mercado internacional, no qual as pessoas lucram muito; não o "pé rapado" que está lá com sandália de dedo, desdentado, na favela: esse passa a ser perseguido. Sabemos que o tráfico de drogas envolve pessoas poderosas, organizações, políticos etc. Fiz por muitos anos, na UFF, a supervisão do trabalho do psicólogo no Juizado da Infância e Juventude de Niterói e entrevistamos os meninos que eram levados para lá, para os chamados abrigos, e que o juiz entendia que precisavam de atendimento psicológico. Todos eles eram pobres. Meninos de classe média fazem o mesmo que esses filhos da pobreza, mas o tratamento é outro. Vemos claramente, dentro desse moralismo, dois grandes braços do biopoder, como dizia Foucault. O braço da medicalização e o da criminalização. Para algumas pessoas, é a medicalização; para outras, para a pobreza, é a criminalização. Esses dois braços do biopoder podem, também, atuar juntos: medicalizando e criminalizando.

MM: Cecília, você escreveu um artigo junto com Estela Sheinvar, no livro *A Questão Penal no Capitalismo Neoliberal*, que foi organizado exatamente pela Vera Malaguti. E, na parte final, na conclusão desse artigo, vocês afirmam que: "a desesperança vem da crença do direito penal como salvação dos problemas", e na sequência vocês afirmam que: "a radicalidade não está mais na intensidade da pena, mas na sua abolição", e citam um trecho de uma música do Zeca Baleiro: "*o medo é a moda desta triste temporada, a cor desta estação é cinza como o céu de estanho*". Eu queria que, na parte final dessa entrevista que critica o punitivismo e fala sobre o abolicionismo penal, você me dissesse onde reside a esperança e a radicalidade nos dias atuais?

CC: Hoje já não usaria mais a palavra esperança, porque acredito que "quem espera nunca alcança". Penso que a receita nós não temos, mas programas como o teu, trabalhos como o teu, livros editados pelo pessoal do Instituto Carioca de Criminologia, por exemplo, e muitos outros, são espaços de oxigenação, para que possamos problematizar a questão do punitivismo na atualidade: em nós e no mundo. Isso para mim é resistência. Porque resistir não é ficar tolerando o que está aí; é principalmente criar novas possibilidades, novos modos de estar nesse mundo, novas subjetividades - subjetividades singulares. A arte tem esse poder. Por que ela tem sido perseguida por governos de extrema direita fascista? Por que a criação, o novo, é fundamental? Você não ficar repetindo o que já está posto, colocado, quando perguntam: "então não vai ter prisão, vai ter o que?"; eu digo: "não sei! Vamos pensar, vamos inventar! Não tem receita!". Tem que experimentar, tem que ir para prática e tentar criar novos caminhos que não sejam um só. Eu gostaria de citar um trecho de Peter Pál Pelbart em "Vida Capital"[1]:

> "(...) *há desafios urgentes que nos colocam. Há que criar, inventar e a todo o momento tentar fortalecer as derivas, as fugas. Pois, nessa sociedade punitiva, onde o fazer viver e o deixar morrer se impõe, resistir ainda é o fio da navalha*". Entretanto: "*se é o poder da vida que corresponde à potência da vida. O que significa vida hoje? O que significa ter poder sobre a vida? Como entender 'potência da vida' nesse contexto? O que significa que a vida se tornou um capital? De que dispositivos concretos, minúsculos e maiúsculos, dispomos hoje para transformar o poder sobre a vida em potência de vida? Sobretudo em um contexto militarizado. Como tais perguntas redesenham a ideia de resistência hoje nos vários domínios?*".

1 PELBART, Peter Pál. Vida capital. Ensaios de biopolítica. São Paulo: Iluminuras, 2000.

Não tem resposta, é um desafio. É um desafio que está colocado para todos nós. Acredito que é na micropolítica, nos pequenos espaços, nos ditos espaços invisibilizados, que podemos inventar, criar resistências.

MM: E como distinguir a forma de agir dessas lutas microscópicas em relação a ocupantes distintos do Palácio do Planalto? A diferença de comportamento existente entre um governo - como o governo Bolsonaro, que era um governo de pura interdição, de impossibilidade completa de diálogo - e outro? Uma pergunta do verdadeiro campo da política: como é que nós devemos nos comportar, sempre pensando nesse nosso espaço de luta que é o espaço de luta antipunitivista? Quais são as nossas demandas? Como é que essas demandas podem ser mediadas até chegar ao nosso objetivo? Que é o objetivo de desencarcerar ao invés de encarcerar cada vez mais.

CC: Penso que mesmo quando você trabalha em uma instituição – fui, durante muitos anos, psicóloga em escola, e sabemos que há limites para nossa atuação – é importante que se perceba que limites são esses. Até que ponto, em determinado momento, você começa a azeitar o funcionamento da máquina? Há momentos em que você começa a azeitar a máquina, e não colocar areia para que essa máquina não funcione. Nas escolas em que trabalhei, óbvio que tentávamos fazer coletivos de discussão - e isso é fundamental, pois individualmente você não consegue nada. É importante que se fortaleça o coletivo, através de debates e problematizações do que tem sido tão natural para nós. No primeiro governo do PT, fui convidada para alguns cargos. Não aceitei pois não sabia até que ponto iria azeitar essa máquina de exclusão que é o Estado. Eu tenho o maior respeito por muitas pessoas que participaram, mas acho que há limites em nossa participação. Perguntaram ao Deleuze: "existe governo de esquerda?" Ele disse: "não. Governo de esquerda não existe. Porque se é governo, não pode ser de esquerda" – e ele coloca isso muito bem. O que é ser de esquerda? Ser de esquerda é uma questão de percepção, você percebe o que está acontecendo lá no Japão, depois vem para a América do Sul e chega ao teu bairro. Então, você não pode ficar só em um lugar. Por exemplo, esta é uma questão que o Tortura Nunca Mais/RJ poderia ter feito, ficar só nos mortos e desaparecidos no período da ditadura. Entretanto, estendemos isso para os dias de hoje. A ditadura, a tortura, a repressão, a violência estão lá, mas estão aqui também. A tortura está acontecendo neste momento. Sabemos que alguém nesta hora está sendo torturado em algum estabelecimento da cidade do Rio de Janeiro, por exemplo. Acredito que a participação no governo é limitada e temos que ter clareza disso. Estávamos comentando acima que a esquerda sempre foi punitivista e isso se naturalizou. Temos que estar atentos para não engrossar esse caldo punitivista. Temos que estar atentos, por mais que apoiemos este governo, que o punitivismo está cada dia mais presente. Hoje não estou ligada a nenhum partido político - já fui do PCB, depois fui fundadora do PT e sai por discordar das alianças que eram feitas em nome da governabilidade. Entretanto, não podemos cair nas malhas do fascismo. A extrema direita está aí, o fascismo está aí saindo do armário: essa subjetividade punitivista, moralista, paranoica, policialesca, isso é fascismo.

MM: Eu gostaria de lhe lembrar de um livro teu: *Guardiões da Ordem: Uma viagem Pelas Práticas Psi no Brasil do 'Milagre'.*

Ainda há resquícios dessas práticas psi que você denunciou publicamente? Como você analisa esse cenário hoje no Brasil?

CC: Esse livro foi minha tese de doutorado, que fiz na psicologia da USP. Ela tenta fazer uma ligação entre a história e a psicologia, da emergência da psicanálise nos anos 1960, 1970, e do boom da psicologia no Brasil. Escolho dois estados, o eixo Rio-São Paulo, pegando uma série de práticas psicológicas, mostrando como essas práticas na verdade serviram à ditadura empresarial militar, como elas andaram de mãos dadas com a repressão. Falo de uma pesquisa que é praticamente inédita, ocorrida aqui no Rio de Janeiro: "o perfil psicológico do terrorista brasileiro". Como os psicólogos ligados ao Centro de Estudos do Pessoal do Exército (CEPE) fizeram avaliações através de testes, entrevistas, em militantes presos em 1970. Esta pesquisa foi feita entre os presos que eles consideravam irrecuperáveis, mostrando uma análise psicológica do porquê aqueles militantes serem perigosos, serem bandidos. Apontavam que aqueles presos tinham problemas psicológicos, problemas com a família, que vinham de famílias desestruturadas etc. O mesmo que se faz hoje com meninos e meninas da periferia considerados perigosos, quando são enviados pelo juiz para as instituições chamadas de reeducação.

MM: Era essa questão que eu queria chegar. Você consegue perceber o mesmo *modus operandi*, a mesma lógica que você identificou lá atrás em determinados psicólogos do regime ditatorial?

CC: Infelizmente sim. Os cursos – apesar de algumas mudanças, pois conseguimos transformações nesses anos -, hegemonicamente são ainda positivistas, cartesianos, acreditando na neutralidade. A formação do psicólogo é minha grande preocupação: que profissional é esse que estamos formando? Que acredita na sua neutralidade, que acredita que é apolítico? Não existe ninguém apolítico! O que já está sendo pensado nas universidades; entretanto, hegemonicamente, as teorias que ainda são apresentadas são teorias de psicologia experimental, experiências norte-americanas, muito distantes da nossa realidade. Temos nesses últimos anos, no Conselho Regional de Psicologia e no Conselho Federal de Psicologia, trabalhos excelentes - aqui no Rio e em Brasília -, no sentido de desmistificar essa crença na neutralidade do psicólogo, mostrar que o psicólogo está implicado, queira ou não, como todos nós, como cada um de nós, pois as nossas práticas produzem efeitos em nós e no mundo. Produzimos com nossas práticas, sujeitos, saberes e modos de viver, modos ditos corretos de viver. Isso ainda é muito presente na psicologia, infelizmente. Estamos tentando mudar, está havendo algumas rupturas e eu gostaria de saudar o Conselho Regional de Psicologia do Rio de Janeiro e o Conselho Federal de Psicologia em Brasília pelo fortalecimento de tais rupturas.

MM: Quais são as tuas palavras finais do nosso diálogo?

CC: São de resistência, uma resistência ativa e não reativa. Uma resistência que possa criar, que possa inventar outros modos de estar no mundo. Creio que é uma coisa difícil, mas acredito que é muito importante tentarmos problematizar cada coisa que ouvimos, lemos e fazemos. Sempre dizia para os meus alunos e digo agora: “desconfie do que estou falando”. Não sou a dona da verdade, como muitos especialistas acreditam que são. Penso que a verdade está sendo produzida a cada momento. Óbvio que são provisórias, são verdades que não são eternas, pois a cada momento produz-se novas verdades. Por isso, é importante que problematizemos principalmente os grandes meios de comunicação ou as falas daqueles que se dizem competentes, autorizados. Como diria Marilena Chaui: "o discurso competente é aquele que pode dizer qualquer coisa, em qualquer lugar, sob qualquer circunstância." Desconfiem disso, problematizem isso. É fundamental.

> "Desconfiai do mais trivial,
> na aparência singelo.
> E examinai, sobretudo, o que parece habitual.
> Suplicamos expressamente:
> não aceiteis o que é de hábito
> como coisa natural.
> Pois em tempo de desordem sangrenta,
> de confusão organizada,
> de arbitrariedade consciente,
> de humanidade desumanizada,
> nada deve parecer natural.
> Nada deve parecer impossível de mudar."
> (Bertolt Brecht)

CAPÍTULO 5
O ESTADO PERDEU O MONOPÓLIO DO PODER PUNITIVO

Raúl Zaffaroni

Marco Mondaini: Professor Raúl Zaffaroni, eu gostaria de começar o nosso diálogo recordando um livro que saiu em 2006, mas que foi publicado no Brasil apenas em 2007, dentro da Coleção Pensamento Criminológico, do Instituto Carioca de Criminologia, dirigido pelo professor Nilo Batista. Nesse livro intitulado *O inimigo no Direito Penal*[1], você dá desenvolvimento a uma ideia surgida no final dos anos 1980, na qual existe uma dialética contínua em que, dentro do Estado de Direito real, concreto, histórico, existe de maneira encapsulada um Estado de polícia. Esse livro foi escrito no início do século XXI e, de lá para cá, já se passaram mais de quinze anos. Eu te convidaria, então, a fazer uma reflexão inicial a partir de dois pontos: como se expressa essa dialética nos países do

1 ZAFFARONI, Raúl E. O inimigo no direito penal. Rio de Janeiro: Revan, 2007.

Norte global e do Sul global? Passados todos esses anos, nós tivemos que nos deparar com o avanço mundial da extrema direita, que chegou ao governo em diversos países. Quais são os termos dessa dialética, levando em conta essa conjuntura política nova caracterizada pelo avanço da extrema direita, no mundo e na América Latina?

Raúl Zaffaroni: São vários temas. A ideia do "direito penal do inimigo" foi uma denominação do professor Günther Jakobs em um pequeno artigo, em que sustentava a colocação de que alguns infratores deveriam não ter condições de cidadãos, de não ser submetidos à pena, mas a uma contenção. O problema, eu sustentei isso no livro, é que se o professor tivesse nomeado a sua ideia de outra maneira não haveria tanto escândalo. Mas falar "inimigo" na Alemanha é perigoso, porque imediatamente convoca a ideia de Carl Schmitt da teoria do amigo e inimigo: a definição de política do Carl Schmitt, segundo a qual a política era a arte de escolher um inimigo e aniquilá-lo, destruí-lo. No fundo, o que eu falo naquele livro é que o problema não é fazer menção ao inimigo agora, o problema é que o inimigo não saiu jamais do Direito Penal. Nós temos medidas de segurança que não têm proporções com os crimes praticados, mas com uma periculosidade do sujeito, uma culpabilidade do autor. Nós estamos considerando algumas pessoas como inimigos e não como infratores, delinquentes. O Direito Penal de fato é o Direito Penal que faz na punição retributiva, segundo o conteúdo injusto do fato, a medida do dano, a medida da lesão ao bem jurídico. Mas se nós falamos que "a mais da retribuição eu preciso impor uma pena", então estou identificando o inimigo. Isso não saiu nunca do Direito Penal - estou falando do Direito Penal jurídico, de interpretações de textos.

O exercício do poder punitivo é seletivo no Brasil, na Argentina, na China etc. O poder punitivo é repartido segundo a vulnerabilidade das pessoas. Como uma doença infecciosa, aquele mais vulnerável é aquele que fica vítima. E novamente isso não acontece por acaso, mas um fato que se faz por estereótipos. Aqueles que são estereotipados são muito mais vulneráveis do que aqueles que não são. Normalmente os estereótipos são feitos, construídos, pela mídia, são uma síntese de todas essas discriminações em uma sociedade. E a polícia? A polícia é uma burocracia, burocracias sempre fazem aquilo que é mais fácil, pegar aquele que tem um estereótipo: cabelos de ladrão, rosto de ladrão, veste como ladrão, fala como ladrão, simples. A seletividade normal do poder punitivo. Uma seletividade que pode ser reduzida, mas não é possível eliminar. A programação criminalizante – os códigos penais das leis penais, são tão grandes, incomensuráveis –, que, se fosse automaticamente realizada, nenhum de nós ficaria do lado de fora da cadeia. Então, a seletividade é uma imposição e essa seleção não é feita por acaso – é feita por estereótipos que caem nas classes mais subalternas. Nos últimos decênios, a seletividade, especialmente na nossa América, mas não só na nossa América, também vai cair sobre políticos e o aparelho punitivo é usado para perseguição política – o chamado *lawfare*, que tem como vítima Lula, Cristina Kirchner, Rafael Correa, Evo Morales. Isso está vinculado a porções do Estado de polícia que fica fechado, encapsulado, no interior do Estado de Direito. Eu acho que naquele livro eu fui um pouco simplista. Nesses anos, estou percebendo coisas um pouco diferentes. Nós estamos deteriorando, sofrendo uma grande deterioração dos nossos Estados de Direito, mas não no sentido do Estado de polícia. É outra coisa. Os Estados de Direito vão ficando fracos, os Estados vão habilitando polícias que não são bem pagas, que não tem tecnologia, o trabalhador policial não tem os direitos que normalmente os demais trabalhadores têm. Então, os nossos Estados destroem polícias. Isso gera uma associação das polícias com máfias, chamada de crime organizado. Isso produz um caos social. Emergem os grupos de autodefesa, os justiceiros, grupos paramilitares, parapoliciais. Cada um desses grupos pratica uma arrecadação fiscal à margem do Estado. E algum inteligente do Poder Executivo dos nossos países decide mexer nas forças armadas em função policial, as forças armadas não têm treinamento para isso e cometem erros, os erros fazem perder o respeito da opinião pública. E, no final, o que temos? Um Estado que perdeu o monopólio do poder punitivo, perdeu o monopólio da arrecadação fiscal e tem uma defesa nacional enfraquecida.

MM: Ou seja, aqueles atributos do Estado weberiano se enfraqueceram na atualidade?

RZ: Isso é o ideal para o colonialismo, Estados fracos. Isso é o que no momento pode atingir um nível incrível de caos social. Então, o "salvador" vem e faz o que? Joga milhares de garotos na cadeia, campos de concentração, ajudado por outros delinquentes. Não vamos para o lado do Estado de polícia - o Estado de polícia é um Estado que tem uma cabeça muito forte, um Estado vertical, o Estado nazista, fascista, stalinista. O Estado fraco não é um Estado de polícia. É um Estado fraco, vulnerável, a nível internacional. Nós como região, América Latina, geopoliticamente estamos sujeitados a um colonialismo – que não é o colonialismo original, mas também não é o neocolonialismo -, mas sim um tardo colonialismo financeiro. Pode-se falar de direita e esquerda na América Latina, mas acho melhor se falar de soberania ou neocolonialismo.

MM: Eu estou enganado ou a conclusão do livro – ainda faço referência a *O Inimigo do Direito Penal* – em que o senhor falava do caminho possível para que o Estado de Direito viesse a ser abolido a partir da diminuição dos direitos do cidadão e da individualização dos inimigos – essa conclusão que é apresentada como uma possibilidade, quase como um grito de alerta –, na verdade, passados dezessete anos, se reverteu em um outro sentido que não é esse do desencapsulamento do Estado de polícia, controlando o Estado de Direito, mas sim a própria crise do aparato estatal?

RZ: Nós, às vezes, pensamos que isso é um problema de segurança pública, um problema policial, um problema penal – para quem acredita que isso se resolve com códigos penais –, mas isso faz parte da essência da função do Estado. Estamos perdendo as funções essenciais do Estado, através da destruição das polícias e com discursos eleitoreiros. Estamos procurando votos, discursos superficiais. Eu não sei quem acredita que a prevenção pode ser feita com a ameaça de penas altas, como se um louco, um assassino que mata um garotinho que chora à noite, fosse ler o código penal para ver se tem cinco ou dez anos a mais de pena. Uma prevenção com uma ameaça de pena pode ter algum efeito preventivo sobre crimes econômicos, algum crime muito leve, mas, quanto mais grave é um crime, menos a cominação da pena no código penal vai exercer alguma função. Nenhum assassino está olhando o código penal como um cardápio de restaurante.

MM: Isso quer dizer que as propostas de reforma do Direito Penal, do endurecimento das penas, da ampliação do número de leis, vão beneficiar, vão satisfazer, apenas aquela burocracia responsável pela sua execução, mas de maneira efetiva elas não se concretizam naquilo que se imagina, podendo-se criar, inclusive, um sentimento de impunidade, alimentar o sentimento de impunidade.

RZ: Exatamente. Ainda com efeitos paradoxais: as cadeias ficam convertidas em campos de extermínio - aquela função de ressocializar, reeducar, é falsa. Um efeito que troca a subjetividade do sujeito, muda a subjetividade do sujeito. Sujeito que entra na cadeia dizendo "eu roubei", "eu furtei", e, depois de três ou quatro anos, sai da cadeia falando "eu sou ladrão". Tudo isso é um condicionamento. Todos temos certeza de que um homicida deve passar anos na cadeia, mas quantos habitantes de nossas cadeias são homicidas? Quinze por cento? Quantos estão imputados por crimes contra as pessoas? Vinte por cento? O resto são crimes contra a propriedade, muitas vezes não violentos e tráfico pequeno na esquina. Essa é a população da cadeia. Vocês têm cadeias superlotadas e mesmo assim o Judiciário continua produzindo mais mandados de prisão. Cabe à polícia escolher quando terá uma vaga nova na cadeia, quem vai para a cadeia.

MM: Falando do exemplo de El Salvador, daquilo que o presidente Nayib Bukele tem feito a fim de encarcerar as gangues. Aquelas imagens de Bukele apresentando, fazendo um circuito, por dentro daquela que parece ser uma das maiores prisões do mundo, assustando a todos. Parece ser um ponto extremo, um paroxismo, do punitivismo que se expandiu por todo o mundo ou por toda nossa América Latina. Mas aquilo, na verdade, não serve também como uma forma de olhar com a devida acuidade para a situação brutal do nosso sistema prisional? E eu falo aqui do sistema prisional brasileiro. Quer dizer, a realidade prisional brasileira não seria, se é possível fazer algum tipo de comparação, muito mais grave do que aquela que Bukele tenta construir em El Salvador?

RZ: Não. Eu acho que as situações são diferentes ainda. El Salvador, diretamente, chegou ao momento em que não existia mais polícia. Então, as ruas estavam nas mãos das *maras*, que agora não é mais a garotada que foi expulsa dos Estados Unidos e voltava para El Salvador – esses agora são avôs. As *maras* atuais são jovens de outra geração. O problema é que destruíram a polícia, eliminaram a polícia que acabou corrupta, incorporada à atividade mafiosa, à delinquência organizada, o que gerou uma situação caótica. Mas, para resolver a situação, não é solução estabelecer um estado de exceção atribuindo ao Executivo o direito de inspecionar moradias, de privar de liberdade qualquer um sem processo e submeter a isso toda a população, porque os *mareros* não são marcianos com cor diferente. É uma ditadura feita desse jeito, é um estado de emergência contínuo onde as garantias sumiram. Então, isso acontece porque institucionalmente destruíram o Estado e, basicamente, antes de mais nada, destruíram a polícia. Bom, destruindo a polícia, não pagando a polícia – o salário policial foi feito com caixas da criminalidade organizada –, no final, isso é um desastre. A polícia precisa ser bem paga, polícia tem que ser tecnificada, pois nós não deixamos nossa saúde nas mãos de qualquer um. Deixamo-la nas mãos de médicos técnicos. Então, nossa segurança, nossa vida, também precisa estar. A polícia tem que ser tecnificada, tem que ser bem paga, um chefe de polícia tem que ter um salário equivalente ao de um juiz e a polícia tem que ser organizada e os trabalhadores e trabalhadoras policiais têm o direito de expressar sua opinião. Não só falar o que fala o chefe. Quais são as condições de trabalho, quais são as condições de segurança, quais são as condições de doenças profissionais. Tudo isso tem que ser discutido como com qualquer trabalhador. Polícia não é um serviço militar, é um serviço civil, tem que ser cuidado como um serviço civil indispensável. Destruição das polícias? O resultado é esse: caos total e, no caos, uma ditadura absurda.

MM: Mas, quando pensamos na realidade brasileira, nos setores de esquerda, há um razoável consenso em torno da ideia da necessidade de desmilitarização da polícia militar - essa polícia militar herança da nossa ditadura. Como é possível conciliar?

RZ: Vocês têm uma polícia federal muito boa, por que precisam da polícia militar?

MM: Então não se trata de um expansionismo desenfreado do poder policial, mas sim de uma polícia que saiba agir e recupere seu poder de investigação?

RZ: Isso. Planificação e programação que têm que ser feitas tecnicamente. A prevenção do crime é um bom título, mas o crime não existe, é uma abstração jurídica. Na verdade, existem homicídios, estelionatos, furtos, roubos – o crime é abstrato. E cada um desses tem uma particularidade também. O homicídio familiar não é o mesmo que um homicídio seguido de roubo, que não é mesmo que um homicídio entre vizinhos. Questões diferentes que precisam de prevenções diferentes. Então, se não temos um monitoramento criminológico bem feito, não temos uma luz vermelha. Todo conflito, toda conflitividade, tem um marco. Muitas vezes, a prevenção é lutar contra o marco conflitivo. Muitas vezes é miséria. Podem ser conflitos interculturais. Muitas vezes são conflitos religiosos. A melhor prevenção é resolver o marco, que nem sempre é fácil. A prevenção secundária é a polícia e nós. Nós, cidadãos, também desempenhamos uma função de prevenção sobre os conflitos. Tecnicamente é naturalmente a polícia. Mas se não temos isso e não programamos racionalmente, não temos um monitoramento, uma constatação técnica do que está acontecendo em cada momento em nossa sociedade. Então, é muito fácil sair um sujeito dizendo: "vou aumentar as penas etc". O penal chega quando a vítima está morta, a prevenção é chegar antes. Não chegar para levar cadáver, mas chegar para evitar a presença do cadáver.

MM: Professor, partindo do princípio de que se vive atualmente uma crise da democracia liberal, quais setores da política, quais espectros, quais campos, se encontram preparados para colocar em prática o resgate dessa ideia de fortalecimento de uma segurança pública que tenha esse caráter?

RZ: Nenhum. Todos procuram votos. Às vezes, os mesmos movimentos progressistas. Porque a mídia – que todos nós sabemos a quem está servindo – gera um sentimento de vingança, de alarme social. Não tem importância se condiz ou não com a realidade, a mídia constrói a realidade. Nós vivemos em uma realidade criada pela mídia. Perante essa criação de realidade da mídia, os políticos reagem com diferentes ideologias, agindo eleitoralmente. Querem soluções rápidas e políticas de prevenção não são rápidas. Enquanto continuamos com essa bobagem, estamos destruindo Estados, estamos destruindo a base do Estado de Direito. Estamos oferecendo os nossos Estados a uma submissão colonialista.

MM: Você costumava dizer que existem dois caminhos para a resolução de conflitos: a violência como solução final e a alternativa dos direitos humanos e da democracia. Eu sinto em sua fala uma forte dose de pessimismo em relação à possibilidade desse caminho da política ser o meio pelo qual se realiza a democracia e os direitos humanos. Estou enganado?

RZ: Não. Não sou pessimista. Infelizmente, a humanidade, no final, aprende com a experiência. Só que, antes disso, haverá muitos cadáveres que poderíamos ter poupado. O que é um genocídio? É um poder punitivo sem contenção. Crime massivo, assassinato massivo, é o poder punitivo descontrolado, sem controle judiciário, sem controle político, perdendo toda racionalidade. Depois dessas experiências tristes, onde ficam muitos e muitos mortos, a sociedade reage e se reconstrói. Eu não sou pessimista. A minha preocupação é evitar os cadáveres, poupar os mortos. Nas nossas democracias, com monopólios de mídia, é difícil. O político sempre está tentado, urgido, pelo eleitoral, a pegar o caminho mais fácil de obter mais votos. "Vou ser mais duro do que os outros!" "Vou fazer os criminosos pagarem!" Bobagens discursivas, mas que pegam na opinião pública e impactam no resultado dos votos. À medida em que não tiramos a política de prevenção do discurso eleitoreiro, vamos continuar praticando erros cada vez mais, vamos continuar enfraquecendo nossos Estados.

MM: Vamos fazer um deslocamento para o âmbito internacional. O senhor fala da crise dos Estados nacionais e a guerra na Ucrânia, o conflito entre Israel e Palestina, só reforçam o discurso da existência de uma crise de legitimidade dos organismos internacionais. Para quem esteve dentro de um desses organismos, como se observa essa crise de legitimidade?

RZ: Nos anos em que estive na Corte Interamericana de Direitos Humanos, fizemos sentenças, mas o sistema interamericano é muito fraco. O direito internacional é um direito, mas, no fundo, em toda questão de direito, existe uma questão política. Eu falei acima do *lawfare*, mas o lawfare não é só um fenômeno latino-americano. Agora, ele é um fenômeno dos Estados Unidos também. Quem está sendo vítima dele neste momento? O Trump. Eu não acredito que o Trump seja perseguido penalmente porque um sujeito fantasiou-se de índio. Eu não gosto do personagem, mas devo reconhecer uma coisa: ele fala uma verdade: "eu não fiz nenhuma guerra". Verdade. Ele não fez nenhuma guerra. Quer dizer, ele não fez nenhuma concessão ao complexo industrial-militar. Lembro que há muitos anos, quando Eisenhower deixava a presidência dos Estados Unidos, ele falou no seu discurso de despedida do risco de que os objetivos estratégicos dos Estados Unidos estivessem sendo mudados por objetivos do complexo industrial-militar. Isto é um problema. Trump quis reindustrializar os Estados Unidos, falou para as transnacionais acabarem de produzir fora – explorando o trabalho escravo – e produzirem no país. Não gosto do personagem, não estou defendendo-o, mas olha que os interesses financeiros viraram interesses políticos. Nesse momento, o que está acontecendo no mundo é que essas estruturas políticas estão submetidas ao condicionamento das corporações transnacionais. Estas não têm nacionalidade e sim domicílio. Entrega nos aparelhos estatais dos países onde estão domiciliados interesses financeiros.

MM: Falando ainda no campo do direito internacional, você fazia a defesa do Direito Penal como um controle racional dessa pulsão de morte existente nas sociedades e dizia que isso também acontecia no campo internacional, fazendo uma comparação entre o Tribunal de Nuremberg e a forma como Mussolini foi capturado pela Resistência italiana. A forma como se resolvem os conflitos no plano internacional hoje se encontra mais próxima da lógica do Tribunal de Nuremberg ou da lógica da captura de Mussolini? Independente da "coloração" política de quem enforca ou de quem é enforcado.

RZ: Não temos o Tribunal de Nuremberg. Ninguém tem o poder para isso neste momento.Temos guerras que respondem a interesses financeiros transnacionais. O aparato internacional, as Nações Unidas, são muito fracas. O interamericano também é muito fraco. Podemos fazer algumas coisas que estabeleçam linhas jurisprudenciais, mas o que temos é o mundo onde as coisas mudaram. Esse não é o mundo neocolonial. Este é o mundo do colonialismo tardio, financeiro. Não temos exércitos ocupando os nossos países. Agora, o controle é financeiro internacional. O capitalismo mudou num certo momento, sem ter um modelo alternativo. Um velho sociólogo alemão, Wolfgang Streeck, escreveu um livro sobre isso. Os Estados Unidos têm uma dívida de quase duas vezes o seu PIB, uma coisa imensa, e eles sabem que não vão poder pagar nunca, jamais. Então, até onde vai esse capitalismo financeiro? Não é o velho capitalismo produtivo, aquele da mais valia – isso acabou. O que é o dinheiro hoje? Papel? Os bancos guardam apenas 7%, 8% dos "papeizinhos verdes", o resto são números de computador. Qual é o capitalismo que estamos vivendo? Para onde vai esse capitalismo? Streeck diz que vai para um caos internacional, um caos econômico em um certo momento, um caos econômico onde não temos modelo alternativo. É como um aparato que vai caminhando, e caminhando rumo ao precipício sem modelo alternativo.

MM: Diante da falta de modelos alternativos, nos restaria apenas a resistência democrática? É o nosso limite dentro desse horizonte de ausência de alternativas?

RZ: A resistência democrática é algo que está se percebendo dentro do mundo. Voltando um pouco e alarmando os CEOs das corporações transnacionais. Começando, também, no mundo econômico, com a renascença do nacionalismo econômico. Por muito que se semeie que a coisa vai nesse sentido, não vai. Estamos assistindo a uma renascença, também, porque cada um tenta se defender de uma agressão financeira.

MM: Como a Argentina chegou a uma tal situação, que acabou por levar à vitória de Javier Milei e quais são as suas expectativas, a curto prazo, sobre o seu governo?

RZ: A curto prazo ninguém sabe. A população e todos **nós** estamos em uma situação de incerteza. Não sabemos o que vai acontecer - possivelmente uma recessão muito forte, uma proporção maior ainda da inflação. O discurso vai ser esse, apesar da herança que temos. Depois de alguns meses, não sei. Isto é um fenômeno novo, resultado da decadência de nossa política. O movimento nacional perdeu condução, o movimento nacional perdeu identidade, e, contudo, 44% da nossa população votou em um candidato que não é simpático para ninguém, que era um ministro da economia em uma economia de 150% anual de inflação. E, contudo, o que em um outro país **não** seria nem 10%, aqui foi 44%. Ou seja, uma grande parte da nossa população, no final, foi racional. Esse foi o buraco da nossa política. Interesses mesquinhos, lutas internas absurdas, pessoas que acreditavam que estavam em segurança no poder, que nada poderia tirá-los do poder, personagens sem atrativo **público**, sem carisma, uma decadência da política que deixa um vazio - e nesse vazio apareceu Milei. Não sei o que acontecerá, mas em breve vamos ter sérios problemas. Mas das grandes crises saem os grandes movimentos e as grandes lideranças. O vazio na política não existe. A política e o vazio são duas coisas incompatíveis. Na frente do vazio, alguém o preenche. E isso irá acontecer. Tenho certeza disso.

MM: No médio prazo, ou seja, na segunda metade do governo Milei, tendo em vista uma situação que pode ser de uma crise - que é afirmada pelo próprio Milei, de aprofundamento da crise - podem ressurgir movimentos fortes de resistência popular?

RZ: Sem dúvida e rapidamente. Qualquer governo pode ter, seja lá qual seja a ideologia, uma ou duas frentes de luta, mas abrir uma frente de luta em 360 graus é impossível. Uma frente de luta com os sindicatos, a frente de luta com os clubes de futebol, com as universidades, com os cientistas, com as feministas, com o LGBT+, com os artistas, com tudo? É praticamente impossível, inexplicado. O gabinete, as pessoas que estão contratando, são muito heterogêneas, com ideologias que não são muito compatíveis às vezes, cada um vai defender seus direitos setoriais e se chocar com os outros. Não há uma unidade. E por causa disso, acho que sim. Esse é o vazio, o vazio que deixou a política, vazio de liderança, uma sucessão de erros que não são novos. Erros políticos sérios geraram esse fenômeno e hoje o que estamos percebendo é um vazio de liderança dos movimentos populares.

MM: Até um determinado momento da sua resposta eu fazia uma analogia com o governo Bolsonaro, que também até um determinado momento tinha esse perfil de um aglomerado político ideológico muito diverso, apesar de situado em um campo da extrema direita, que percebeu que não conseguiria ter governabilidade - uma base no congresso. E então, a partir de um determinado momento, teve que cair no jogo da fisiologia e se render ao presidente da Câmara dos Deputados. Milei terá alguma chance de construir dentro do parlamento algum espaço de sustentação?

RZ: Acho que não. É possível que com alguma lei ou algo parecido, mas permanentemente não. O nosso parlamento não é tão igualitário, o nosso congresso é muito mais homogêneo nesse sentido do que o congresso brasileiro com Bolsonaro. Não posso dizer que não vamos ter alguns traidores, isso é possível, mas a impressão que tenho é que o congresso de Bolsonaro era bem mais pluralizado, sem muitos grupos políticos muito fortes no congresso. Nós temos, especialmente no senado, uma maioria interessante. Outro problema, justamente para o senado, é que a renda aqui é recebida pelo governo federal e, depois, distribuída aos estados. Uma das coisas que ameaça Milei é não distribuir o suficiente para os estados. De toda forma, estamos falando hipoteticamente, vamos ver como evolui o nosso processo político, porque em política nada é muito previsível.

RODA DE DIÁLOGO JUVENTUDES ANTIPUNITIVISTAS

Ana Luísa Barreto, Glauciene Farias e Clara Albuquerque

Marco Mondaini: Eu começaria fazendo uma pergunta a ser respondida por vocês três. O título dessa roda de diálogo é Juventudes Antipunitivistas. Como é que os jovens com quem vocês estabelecem relações na universidade, nos locais de moradia, nos locais de trabalho, nos movimentos sociais, nas redes sociais de amizades presenciais, nas redes sociais digitais, como é que essas juventudes, falemos no plural, como é que essas juventudes com quem vocês mantêm contato observam esse senso comum punitivista, essa onda punitivista, essa ideia de que tudo se resolve através do encarceramento e por meio do Direito Penal?

Ana Luísa Barreto: Essa pergunta me remete a algumas questões. Primeiro, a pensar como é algo que sempre me despertou inquietação, que é pensar como nós saímos de uma ditadura civil-militar e entramos na democracia apresentando um quadro em relação à punição muito problemático. Nós tivemos um incremento do número de pessoas presas, o número de pessoas mortas, que é completamente incompatível com uma democracia.

Já tem um tempo que eu saí da faculdade, como aluna do curso de graduação em Direito, mas essa inquietação existe para mim desde o seu início, quando tive a oportunidade de encontrar outras pessoas que se inquietavam como eu.

E a partir das trilhas que foram abertas por diversas pessoas, algumas delas que foram aqui entrevistadas, e várias outras, conhecíamos tanto essas trilhas abertas no universo acadêmico, mas também nos movimentos sociais, que sempre se inquietaram com isso e cada vez mais vem radicalizando essa crítica. Então, nós temos os movimentos de familiares de pessoas presas, em especial as mães que questionam esse estado de coisas. A partir dessas trilhas, eu venho encontrando já há um tempo jovens que se inquietam com esse estado de coisas e que não concordam com esse estado de coisas e, mais do que isso, entendem que nós nunca conseguiremos efetivar uma democracia, mesmo uma democracia no capitalismo, com todos os seus limites inerentes a ela, nós nunca conseguiremos efetivar essa democracia com esse estado de coisas, um país estruturalmente racista no qual o sistema penal cumpre uma função essencial de manutenção do estado de coisas, a manutenção de um estado de coisas muito problemático, violento, grave. Então, nesses espaços que eu tenho oportunidade de circular, seja num campo mais acadêmico, seja num campo de movimento social, eu encontro muitos jovens inquietos e incomodados com esse estado de coisas que viemos construindo, pensando, desde que entramos numa democracia, já há quase 40 anos.

MM: Glauciene, você também entra em contato com essa juventude inquieta diante dessa realidade a que fez referência a Ana Luísa?

Glauciene Farias: Eu sou assistente social da FUNASE, a Fundação de Atendimento Socioeducativo de Pernambuco, que é a instituição responsável pelas medidas de restrição e privação de liberdade a adolescentes e jovens que cometem atos infracionais. Eu não tenho como responder a tua pergunta sem fazer referência a essa juventude com quem eu trabalho. A referência da Ana Luísa foi uma referência acadêmica, dos estudiosos, das inquietações, de um novo ramo, de uma nova trilha de estudos para esse fenômeno do encarceramento, que consideram elementos estruturais, que consideram elementos da totalidade social, e eu compartilho da visão dela. Nós vemos um movimento diferenciado de pesquisas críticas nesse ramo, só que não tem como responder a tua pergunta sem considerar a juventude com quem eu trabalho. São jovens negros, periféricos, pobres que estão hoje em cumprimento de medida.

Eu estou nesse sistema há dez anos. Então, há dez anos que eu acompanho, enquanto assistente social dessa instituição, esse movimento de encarceramento em massa em Pernambuco, que teve um aumento exponencial em alguns anos, especialmente entre os anos de 2007 e 2014. Eu não posso desconsiderar essa juventude, que é uma juventude pobre, que é uma juventude periférica, que é uma juventude que historicamente é perseguida. Quando eu falo desse recorte de cor e classe, eu não estou falando de um recorte atual, não é o Brasil de 2023, é o Brasil da nossa história. Se nós formos pensar a formação social brasileira, a punição tem um recorte de cor e classe. E essa juventude encarcerada, esses adolescentes e jovens que se encontram nas vinte e três unidades do estado em cumprimento de alguma medida, são jovens que não tiveram acesso a políticas públicas eficazes, são jovens que foram punidos pelo Estado, não apenas no momento que entraram no sistema socioeducativo, mas é uma punição anterior, uma punição da falta de acesso a políticas públicas, uma punição da falta do Estado, da falta da sociedade, da falta da família na intervenção junto a esses jovens. Então, esses jovens existem, é importante que pensemos, reflitamos e pesquisemos - esse é o nosso papel, enquanto pesquisadoras dessas temáticas. Nós precisamos dar visibilidade a esse público, pois eles adquirem uma visibilidade perversa, em que os meios de comunicação os colocam como monstros, como seres não dignos de direitos humanos, de nenhum tipo de dignidade. Eu acho que o nosso papel, enquanto pesquisadoras dessa temática do encarceramento em massa, seja para jovens, seja para adultos, é dar visibilidade a esse público, é dizer que eles existem, é dizer que eles são detentores de direitos, é estar na luta pela visibilidade desses sujeitos, porque é isso que eles desejam, é isso que eles esperam, serem vistos, serem percebidos, e por isso que é importante estarmos nessa discussão. Por isso que é importante termos esse momento aqui, porque nós precisamos avançar muito ainda na política socioeducativa, na política de segurança pública, de forma que tenhamos uma política voltada para a prevenção, uma política pensando em promoção de vida e não de encarceramento e aniquilamento dos corpos.

MM: Clara, você é a mais jovem aqui. Você ainda está cursando Direito na Faculdade de Direito do Recife, em Pernambuco. Como é que você observa essa juventude com quem você mantém contato, observando essa gigantesca onda punitivista que nos assola?

Clara Albuquerque: Eu compartilho muito da visão de Ana Luísa, no sentido de que eu tive a oportunidade de ter professores na graduação, principalmente a professora Marília Montenegro, que nos levam e nos conduzem, principalmente em cadeiras obrigatórias, a refletir sobre a realidade do sistema de justiça criminal. Então, eu acho que dentro da universidade e dentro do curso, do nosso curso, nós conseguimos chegar à conclusão que o sistema de justiça criminal é falho, pois ele não cumpre as suas funções aparentes, digamos assim, que seria de proteger o bem jurídico, de ressocializar as pessoas que entram no cárcere. Ele não cumpre essas funções, isso é óbvio, isso é evidente, mas o que infelizmente eu acredito é que nós continuamos naturalizando o cárcere e, na verdade, vendo-o como inevitável. Por mais que nós problematizemos, por mais que exista essa crítica e essa visão e por mais que, quando começamos a trilhar esses caminhos e a questionar isso e entrar nas nossas bolhas do movimento social (eu sou extensionista do Núcleo de Assessoria Jurídica Universitária Popular, o NAJUP, da UFPE, e, dentro do NAJUP, nós temos essas discussões sobre abolicionismo, minimalismo), quando nós chegamos no cerne da discussão, muitas vezes, acabamos tendo o nosso ímpeto punitivista, sabe? Vou falar um pouco mais sobre isso quando eu for falar sobre a minha pesquisa, mas eu acredito que continuamos vendo a prisão como um fim, no final das contas.

Podemos criticar, podemos problematizar, podemos compreender que aquilo não funciona, mas é como se fosse inevitável, como se nós não conseguíssemos pensar em algo para além disso. Quando tratamos de abolicionismo, existe uma rejeição muito grande, não é? Porque o que faremos com essas pessoas? Então deixaremos um monte de gente solta por aí, sabe? É muito esse medo que é imposto e que, até como a professora Vera Malaguti falou, é uma coisa estrutural. É uma coisa que está enraizada, que é sistemática. Não é algo que vamos conseguir desconstruir da noite para o dia.

Então, principalmente fora do curso de Direito, é algo que eu encontro também quando eu estou conversando com amigos que nunca tiveram essa percepção de como o sistema criminal é falho. Infelizmente, e é meio desmotivador isso, você vê que realmente se vê o sistema penal como um fim. Por mais que nós problematizemos, por mais que nós critiquemos, sempre vai ser inevitável, sabe? Sempre vai ser realmente algo que é um tabu, não é? É uma dificuldade. O que faremos para superar, então? Não se passa desse ponto da discussão. O que eu sinto muito é isso. Assim, falando, claro, daquelas pessoas que não escolhem pesquisar, não escolhem se aprofundar nesses temas, não é? Estando na graduação com pessoas diversas, com pessoas de diversos pensamentos e opiniões, é mais ou menos isso que eu sinto, sabe?

MM: Clara, passemos agora a fazer uma rodada em que as perguntas serão direcionadas a cada uma de vocês três, sobre as pesquisas que se encontram realizando ou acabaram de realizar. Você é orientada da professora Marília Montenegro, que foi aqui entrevistada, e recebe uma Bolsa de Iniciação Científica. Você faz uma pesquisa intitulada "Alternativas Penais e Crimes Sexuais contra mulheres, uma perspectiva entre acolhimento e responsabilização". E o objetivo geral da pesquisa é investigar a possibilidade de aplicação de alternativas penais, especialmente da justiça restaurativa, em casos de crimes sexuais contra mulheres. Eu estou reunido aqui com três mulheres, as entrevistas anteriores foram feitas com quatro mulheres (e apenas um homem) e eu me lembro na entrevista, no diálogo com Marília Montenegro, que eu perguntava a ela dessa dificuldade de estabelecer um olhar crítico em relação à Lei Maria da Penha, aos resultados da Lei Maria da Penha, sendo ela uma mulher e lidando com uma mulher, uma mulher feminista. Então, a pergunta que eu faria a você, além de pedir que você apresentasse de maneira sumária a tua pesquisa, é dizer da dificuldade, perguntar da dificuldade de lançar um olhar antipunitivista em relação a uma situação que merece ser combatida, da violência contra as mulheres, mas que também foi, digamos, colonizada pelo espírito punitivista.

CA: Como eu estava falando, eu também tinha essa dificuldade. Quando entrei na graduação, tive o primeiro contato com o abolicionismo, os minimalismos, e tive o primeiro contato com essa ideia de não precisar do sistema de justiça criminal. Eu pensava muito em: "Ah, mas para estupro, não. Para crimes sexuais, não". Eu era muito resistente com relação a isso. E eu comecei a refletir justamente sobre essa dificuldade que eu tinha. Se o sistema de justiça criminal é falho, ele não funciona, por que continuamos adotando isso? Por que nós continuamos levando para a prisão homens ofensores de mulheres, homens agressores sexuais?

Então, eu comecei a refletir, e partindo dessa premissa de que o sistema de justiça criminal não oferece as respostas necessárias, porque ele revitimiza a mulher que procura o sistema de justiça, ela vai ter que chegar na delegacia, ela vai ter que falar tudo o que aconteceu com ela novamente, ela vai ter que ouvir isso várias vezes, ela muitas vezes vai ser subjugada por aquele delegado, por aquelas pessoas que estão ali. A professora Vera Andrade fala sobre a mulher honesta, a mulher que é digna de ser vítima de uma violência sexual. Então, se essa mulher não se enquadra no padrão de mulher honesta, muitas vezes o que vai ser dito é que ela gostou, que ela deixou, que ela permitiu que aquilo acontecesse, e ela vai ser violentada novamente, uma violência institucional. E o ofensor, por sua vez, vai para o cárcere, quando ele vai, porque essas mulheres muitas vezes não denunciam, justamente porque as violências sexuais acontecem, em grande maioria, no ambiente familiar. Então, ou ela é invisibilizada ou ela é normalizada, ou existe um: "vamos abafar, vai destruir a nossa família, não vamos falar, vamos silenciar essa mulher". Ela não tem nenhuma perspectiva de acolhimento, seja dentro de casa ou seja pelo Estado. E quando acontece de finalmente você conseguir judicializar, ou a pessoa, o ofensor, é absolvido por ausência de provas, ou é absolvido porque o juiz simplesmente não entende como violência sexual, entende que foi consensual, ou muitas vezes o que acontece é que ele é preso e não faz nenhum tipo de reflexão sobre aquela atitude. Ele volta para o convívio da vítima quando cumpre a pena. Então, não há uma resposta eficiente. A violência sexual – e eu entendo isso principalmente após essas pesquisas que ainda estão no início – é muito mais do que só um crime. Ela mexe com o psicológico, ela mexe com a família, ela mexe com a comunidade, ela mexe com todo mundo que está envolvido.

Partindo desse pressuposto, eu comecei a pensar sobre qual seria a melhor forma de cuidar dessa mulher e responsabilizar esse ofensor. A justiça restaurativa vem para mim como um enfoque na minha pesquisa porque ela tem esses três pilares: a vítima, a comunidade e o ofensor. Ela quer devolver o conflito para a vítima, conflito que é roubado pelo Estado, pois o Estado se toma como protagonista do conflito, tira a vítima do enfoque. Aquela mulher que está ali, que sofreu a violência, que foi abusada, serve somente como uma peça no processo, que pouco é ouvida, e, quando é ouvida, é na condição de testemunha, apenas para saber o que aconteceu e muitas vezes para ser revitimizada. Não se pergunta a essa mulher de que forma ela se sentiria compensada. Então, a justiça restaurativa vem muito para mim nessa condição dialógica, não necessariamente de colocar frente a frente, porque existe a questão da voluntariedade, não é? A vítima pode escolher não querer estar de frente com seu ofensor, mas ela pode escolher, o ponto é esse, a vítima pode escolher. Então, a justiça restaurativa me vem como uma solução alternativa penal e existem outras também, não necessariamente para acabar com os crimes sexuais, mas para torná-los, pelo menos, algo mais dialógico, algo com mais participação da vítima, algo que realmente acolha essa vítima, seja com um aparato de apoio psicológico, enfim, apoio financeiro, qualquer apoio que possa fazer com que essa mulher se sinta segura e realmente acolhida e até que ela tenha coragem de se impor e falar sobre isso, da mesma forma que responsabilizar esse ofensor. Responsabilizar efetivamente, fazer com que ele reflita sobre aquela atitude dele, porque nós vivemos numa sociedade machista, nós vivemos numa sociedade patriarcal, então, muitas vezes, esses homens sequer sabem, no sentido de ter consciência do dano que eles causam a essas mulheres, das consequências da atitude dele, porque muitas vezes eles acham que têm o poder, então eles podem fazer aquilo, isso é permitido.

Enquanto mulher, é muito difícil para mim, era um lugar muito caro estar nessa discussão e entrar nessa discussão, porque nós nos colocamos na situação de vítima, nós temos medo disso todos os dias, mas, de toda forma, me inquietava muito também o sistema de justiça criminal não ser a resposta adequada. Então, é mais ou menos por aí que eu estou traçando a minha pesquisa. Um dos objetivos é justamente entender quais são as alternativas penais existentes no nosso ordenamento jurídico e pensa-las adequadas para os crimes, tendo toda essa perspectiva de que é um crime que envolve muito mais do que só o ofensor e as vítimas sexuais, e existem consequências muito piores, existem traumas envolvidos, existem medos, existem violências, muitas violências envolvidas. E é mais ou menos nesse sentido que eu estou caminhando na minha pesquisa

MM: Glauciene, você fez uma pesquisa de mestrado em que tratou, entre outras coisas, daquele que foi considerado um plano revolucionário no campo da segurança pública, no estado de Pernambuco, que se tornou referência nacional e foi saudado por vários governantes: o Pacto pela Vida que foi criado durante o governo de Eduardo Campos e teve o seu óbito recente com a sua substituição durante o governo de Raquel Lyra (PSDB), por um programa chamado Juntos pela Segurança. O que não foi devidamente divulgado, o que não foi devidamente tornado público acerca do Pacto pela Vida?

GF: Como você colocou, foi um plano, o primeiro plano de segurança pública do estado. Então, o Pacto pela Vida teve um significado muito grande, porque chegou num momento em que os índices de violência e criminalidade em Pernambuco eram altíssimos. Recife chegou a ser a quarta capital mais violenta do país e, diante desse contexto, naquele momento histórico, o então candidato a governador de Pernambuco, Eduardo Campos, propõe uma política. Ele vem com o mote da segurança porque é o grande clamor de Pernambuco, pois nós realmente vivíamos um contexto muito delicado sobre segurança pública, e ele ganhou a eleição e se debruçou sobre esse plano que se tornou conhecido como Pacto pela Vida. Um plano extenso, que incluiu estratégias de prevenção de violência, que incluiu estratégias de participação da comunidade, da sociedade civil, teve uma meta de diminuição de crimes violentos, letais e intencionais de 12% ao ano. Foi um plano muito celebrado, e, em um dado momento, atingiu o seu objetivo. Houve uma diminuição do índice de homicídios no estado, atingindo a meta proposta no início, mas é importante pensarmos como o Pacto consegue cumprir sua promessa no sentido da diminuição da violência, que tipo de violência ele conseguiu impactar, mas, o mais importante, é saber que impacto essa política teve para o público encarcerado de Pernambuco, o público do sistema prisional e o público do sistema socioeducativo.

O Pacto pela Vida tem um momento de sucesso que vai até, mais ou menos 2013/2014, onde tem-se uma diminuição de alguns índices. E como é que ele consegue isso? Primeiro, um investimento alto no aparato policial, no aparato tecnológico, câmeras na cidade. Há um gasto volumoso na segurança pública voltada para vigilância, para a segurança da população. São colocadas câmeras em vários locais da cidade, são novas viaturas para as patrulhas do bairro, são feitas várias estratégias de fortalecimento da polícia, de fortalecimento da segurança, com concurso, com viaturas, com gratificações. Os policiais recebiam gratificações na apreensão de drogas, os policiais recebiam gratificações nos mandados de busca e apreensão. Existiu toda uma estrutura, uma política de gratificações para o cumprimento do encarceramento. E então como você bem falou, foi um plano muito celebrado, inclusive reconhecido internacionalmente pela ONU. Pernambuco ganha o prêmio da ONU como tendo um plano exemplar de segurança pública, mas o que não ficou na evidência foi o que esse plano de fato trouxe como impacto para as populações que estavam no sistema prisional e no sistema socioeducativo. Então, a pesquisa foi nessa direção. Os dados do sistema prisional estavam mais claros, já tinham sido até estudados por alguns pesquisadores daqui do estado e eu me debrucei sobre o entendimento dos impactos sobre o sistema socioeducativo.

No sistema prisional o que nós vimos? O plano previu ações, tanto para o sistema prisional quanto para o sistema socioeducativo e que ações eram essas? De aumento de vagas, de aumentos de prisões, de aumentos da melhoria das estruturas em tese, só que não acompanhou o ritmo, o aumento de vagas não acompanhou o ritmo do aumento do encarceramento, então o que nós temos no sistema prisional? Uma superlotação, um grande número de presos sem julgamento, a situação de doenças infectocontagiosas nas prisões de Pernambuco, com destaque para tuberculose, HIV/AIDS. Temos, assim, um sistema caótico em termos da polícia penal também, no que tange ao número de policiais dentro das prisões, com toda a complexidade do sistema prisional, com toda uma administração feita pelos próprios presos dentro dos sistemas – nós temos o Pacto pela Vida trazendo essa dimensão para a vida dos sujeitos. Mas essa dimensão não foi visibilizada, o Estado não traz esses dados, o Estado não problematiza, o que o Estado fez foi mostrar à população que ele prendeu, que ele encarcerou, que ele realmente cumpriu o seu papel. Então, temos números e dados que mostram esse impacto da redução da violência, da redução da criminalidade, não mostrando o outro lado da moeda.

Inclusive, esses dados da diminuição são dados questionáveis porque, por exemplo, não temos dados da violência contra mulheres, que não são bem mensurados no Pacto pela Vida. A minha hipótese é que, no sistema socioeducativo, tínhamos um impacto parecido, mas não tínhamos dados até o momento. Então, a pesquisa se debruçou sobre isso. A minha dissertação de mestrado verificou que, entre os anos de 2007 e 2014, houve um aumento significativo do encarceramento de adolescentes e jovens no estado de Pernambuco. Quase que dobrou o número de adolescentes encarcerados no estado. Houve um aumento de apreensão por tráfico de drogas. Tínhamos um patamar em volta de 10%, e foi subindo, até que, em 2013, chegamos a um patamar de 30% de adolescentes encarcerados pelo ato de tráfico de drogas. Houve um aumento das unidades socioeducativas. Tínhamos dezessete, houve um aumento para vinte e três, mas o aumento das unidades socioeducativas não significou a melhoria de condições dessas unidades, porque a superlotação aumentou. Então, o discurso de que novas unidades, novas construções, iriam diminuir a superlotação foi falacioso, porque houve um aumento das unidades, porém a superlotação se manteve, porque foram presos, foram encarcerados, foram apreendidos muitos jovens nesse momento.

Então, percebemos que o Pacto pela Vida trouxe muito mais prejuízos para essa população do que realmente benefícios. Como o plano previa, melhorias das condições, mas a garantia dos direitos humanos, tudo isso, ficou nos registros oficiais, nos documentos, porque Pernambuco foi denunciado à ONU pelas condições das prisões no estado. Pernambuco foi denunciado à ONU pelas condições das unidades socioeducativas de Pernambuco. Em 2012, Pernambuco era o estado onde morriam mais adolescentes no sistema socioeducativo. Então, o Pacto foi muito mais danoso, ele merece muito mais críticas do que realmente aplausos e elogios.

Ele foi muito divulgado e outros estados estão replicando, replicaram as metodologias, mas precisamos ter um olhar crítico, especialmente porque a prevenção ficou muito a desejar, e o que se sobrepôs foi realmente o encarceramento em massa, foi a piora das condições de vida desse sujeito, foi a negação dos direitos humanos, o que também é histórico quando pensamos na situação das prisões brasileiras. Então, em resumo, minha pesquisa se debruçou sobre essa realidade pernambucana, e deixando claro que o Pacto pela Vida, para uma parcela significativa da população, foi um pacto pela morte.

MM: Ana Luísa, o estado de Pernambuco ganhou um prêmio internacional da ONU, como disse Glauciene, e o Brasil foi condenado pela Corte Interamericana de Direitos Humanos exatamente por conta de Pernambuco, por conta das tragédias acontecidas no presídio Aníbal Bruno, que fica no estado de Pernambuco. Eu me lembro, num debate com um dos idealizadores do Pacto pela Vida, que, em determinado momento, ele disse que o pacto agia de maneira seletiva nos locais onde havia tráfico de drogas, e aqui nós entramos no tema da sua pesquisa. Você pesquisou a relação existente entre a guerra às drogas e a produção do espaço urbano, bem como a utilização da prisão cautelar para o delito de tráfico de drogas em Salvador. Quais foram as principais descobertas, Ana Luísa, que você fez no decorrer da tua pesquisa de mestrado? E quais são também as relações existentes entre o que você pesquisou no mestrado e o que você está pesquisando agora no doutorado, que está prestes a ser concluído?

ALB: A minha preocupação no mestrado era essencialmente problematizar o judiciário, porque o judiciário por vezes fica invisibilizado dentro dos órgãos, os atores do sistema penal. Tendemos a pensar muito na responsabilidade da polícia, no lugar da prisão, dentro dessas engrenagens do genocídio, da punição. E o judiciário fica naquele lugar de órgão técnico, neutro, limpinho, é o órgão que não está sujando as mãos. E a minha questão de pesquisa, essencialmente, era problematizar esse lugar, pensar tomar esse judiciário como objeto de estudo, evidenciando-o como um órgão chancelador da barbárie do sistema de justiça criminal. Problematizar mesmo esse lugar e colocá-lo em evidência. Então, pensar primeiro esse judiciário como espaço da branquitude e de tanto reforçar opressões estruturais quanto reforçar privilégios estruturais também. É um duplo jogo que está colocado dentro dessa dinâmica de relações raciais, que é esse espaço de branquitude julgando uma maioria negra, que é selecionada arbitrariamente pela polícia. E arbitrariamente eu digo aqui porque é mesmo assim, o sistema penal é seletivo, ele atua seletivamente, e no Brasil essa seleção é sóciorracialmente orientada, e não há dúvidas sobre isso. Há uma gama de pessoas, do campo dos movimentos sociais, como eu falei acima – os movimentos de sobreviventes do cárcere, o movimento de familiares de pessoas, tanto vítimas da violência de Estado como de pessoas presas – que estão apontando essa questão e problematizando isso há muito tempo. Mas eu queria então problematizar esse judiciário, colocá-lo em evidência.

Então, eu pego a questão da política criminal de drogas, que, no Brasil, assume esse lugar de guerra às drogas, porque, como os dados falam por si mesmos, é o crime que mais encarcera. Glauciene comentou isso, que vale para os adolescentes, mas também para a população adulta. É o tipo penal que isoladamente mais encarcera, é a política criminal que é o carro-chefe das políticas criminais no Brasil, e é um tipo penal aberto, bastante aberto, e que está sujeito a muita arbitrariedade por si só. Glauciene fala do Pacto pela Vida, das gratificações por prisão por drogas. É apavorante pensar o que isso implica, gratificação por prisão. Na Bahia, tivemos experiências muito parecidas. Enfim, também nesse sentido, é o Pacto pela Vida, inclusive, que temos lá também, não sei se é uma inspiração de Pernambuco ou ao contrário, não conheço muito bem essa história, mas o fato é que a guerra às drogas tem esse lugar, e eu queria pensar esse lugar mesmo, o Judiciário na guerra às drogas, a responsabilidade do Judiciário nisso, o Judiciário como responsável direto pelo encarceramento em massa, não é a polícia que prende e o Judiciário está ali. Não, o Judiciário está legitimando prisões arbitrárias, o Judiciário está legitimando prisões ilegais, o Judiciário está mantendo pessoas presas preventivamente, sob os argumentos mais absurdos, e o Judiciário está condenando pessoas com fundamentos mais absurdos.

Então, é um pouco do que eu queria pensar no meu trabalho de dissertação de mestrado, que depois se desdobrou em outras coisas também, porque eu fiz uma análise de mais de seiscentos processos com mais de novecentas pessoas presas. Era um material muito grande que eu tive acesso para pensar. E algumas questões que eu trago aqui para pensarmos um pouco, problematizar isso, de achados, tanto diretamente da minha dissertação, como de artigos posteriores com desdobramentos, enfim, de reflexão sobre isso. Uma das questões é a prisão preventiva e como esta funciona como efetiva antecipação punitiva. Os presos preventivos são aqueles presos que ainda não foram condenados. São as pessoas que estão respondendo o processo, que ainda não tiveram sequer uma primeira condenação, muito menos uma condenação transitada em julgada, que é aquela em que se esgotam todos os recursos. Então, é uma pessoa que, pela nossa Constituição Federal, é inocente, pois ninguém pode ser considerado culpado até o trânsito em julgado da sentença penal condenatória – isso está lá na Constituição. Então, essas pessoas deveriam responder um processo em liberdade. Isso deveria ser a regra, mas não é, pois no Brasil a maior parte das pessoas acaba respondendo pelo menos parte do processo preso, e, no caso de tráfico de drogas, o que eu encontrei em relação especificamente a isso, é que para a maior parte das pessoas era mais gravoso responder a um processo do que ser condenado por tráfico de drogas. Por que? Porque o que eu encontrei, dentre todo esse universo de análise, foi que, mais ou menos 80% das pessoas responderam a um processo presas, seja o processo todo, todo o tempo do processo, seja parte desse processo. 80%!

Mas, por outro lado, apenas sessenta pessoas, de um universo de novecentas e vinte pessoas, sessenta pessoas foram condenadas a um regime fechado, que é o regime mais gravoso, o condenado a uma pena de prisão em regime fechado, e é o regime que acaba sendo equivalente à prisão preventiva, que é aquela na qual a pessoa também não pode sair em nenhuma circunstância, enfim, é bem próximo. Então, olha que disparidade o que se encontra aí. E quem é que está prendendo preventivamente? É o judiciário, e esse judiciário se coloca, por vezes, – porque eu fiz tanto uma análise quantitativa dessas decisões, quanto uma análise qualitativa

– como um órgão da segurança pública, por vezes expressamente, inclusive. Então, em vez de ser aquele terceiro imparcial que vai julgar, pensando a estrutura do Direito moderno liberal, o terceiro imparcial que julga aquelas pessoas, a partir da apresentação de provas pelo Ministério Público de um lado e o réu do outro. Não, nós temos um judiciário que se coloca como alguém que tem que atuar em conjunto com a polícia. Isso, inclusive, apareceu de forma expressa em algumas decisões que eu estava analisando. E mobilizando, para manter aquelas pessoas presas, argumentos que eu chamei, inclusive, de não jurídicos, que em descumprimento à norma legal, o judiciário mantendo pessoas presas sob o argumento de periculosidade, pretende evitar a reiteração delitiva, como se o judiciário fosse portador de alguma bola de cristal que pudesse fazer um exercício de futurologia de dizer que aquela pessoa, porque está ali respondendo a um processo, deveria responder a um processo específico, ao Direito Penal do ato, do fato, enfim, está ali respondendo por aquilo, isso dentro dessa perspectiva liberal, enfim, com todos os seus limites que tem, é o que ela põe. Mas não, na realidade, a pessoa responde ali por uma série de questões que não tem nada a ver com aquele processo em particular. O judiciário deixa explícito, não é só uma questão de implícito, não, ele deixa explícito um posicionamento, deixa explícito falas racistas, ainda que não mobilize a questão da raça expressamente, porque isso, inclusive, é uma invisibilização. Se nós temos, por exemplo, hoje, por luta, que a saúde, o campo da saúde, coloque raça como um dos elementos, até para que se avaliem políticas públicas na área da saúde, por exemplo, no judiciário nós temos uma invisibilização da raça. Isso não aparece expressamente muitas vezes no processo, mas está ali, seja pelo local que a pessoa foi presa, enfim, tudo nós podemos pensar e identificar.

Além dessa questão da prisão preventiva, aparece a questão da configuração do espaço urbano, que você colocou também na tua pergunta. A partir do meu artigo com o professor Lucas Matos, a questão, por exemplo, de como é que essa pessoa é presa. Essa pessoa é presa em geral, uma prisão em flagrante, e o policial vai dizer: "olha, foi presa por uma atitude suspeita". Atitude suspeita que a professora Vera Malaguti já falou, há mais de vinte anos, que tem muito menos a ver com o "fazer suspeito" do que na realidade um "ser suspeito". Quem é que está em atitude suspeita? São pessoas que estão fazendo condutas muito diferentes, quando vamos olhar, estavam andando, estavam sentadas, estavam de moto, estavam num bar, estavam correndo, não, não tem nada a ver a conduta em si, mas o ser suspeito é que aparece aí. Então, o papel desse judiciário é ouvir isso da polícia, encarar com normalidade e manter, por exemplo, presa preventivamente, essa pessoa parada em atitude suspeita – sabe Deus o que é isso – e contribuir com o processo, o que nós chamamos, nesse artigo em particular, de liberdades precárias. São pessoas em situação de liberdade precária. São pessoas que estão em liberdade até que alguém entenda que estão em atitude suspeita e vão colocar aquela pessoa ali, enfim.

E uma segunda questão também dentro desse artigo foi a questão da violação de domicílio. Essa polícia que invade uma casa com argumentos os mais esdrúxulos possíveis e isso é encarado com normalidade também pelo judiciário. Claro que não é qualquer casa, não é em qualquer bairro, não é em qualquer lugar da cidade, não é, claro. São espaços de maioria negra, são os bairros periféricos da cidade de Salvador, mas a polícia entra nessa casa e isso é encarado também com normalidade pelo judiciário e mantém aquela pessoa presa e eventualmente condenada, enfim, com base nessa argumentação.

MM: Eu gostaria de fazer um novo giro, encerrando essa roda de diálogo com uma pergunta também geral, mas que tem suas particularidades em função de onde se encontram geograficamente Ana Luísa, Glauciene e Clara. A pergunta é a seguinte: quais são as expectativas que vocês nutrem em relação à mudança dessa situação punitivista, desse clamor de punição, desse clamor de que os conflitos sociais sejam resolvidos através do Direito Penal e do braço penal do Estado? Ana Luísa, você fez as suas pesquisas em Salvador, você morava em Salvador, atualmente você está no Rio de Janeiro, e eu gostaria que você respondesse a essa pergunta, levando em consideração essa nova conjuntura política federal, o terceiro governo do presidente Lula, mas também essa realidade de governos estaduais de colorações políticas muito distantes. O governador Jerônimo Rodrigues, do PT, na Bahia, e o governador Cláudio Castro, do PL, bolsonarista. Então, eu pediria que você começasse fazendo essa análise, e na sequência, Glauciene e Clara, falassem a partir do espaço pernambucano, sob governo de Raquel Lyra, do PSDB.

ALB: Primeiro, em relação ao governo federal, você pergunta quais as expectativas em relação a essa questão da punição. São baixas. Infelizmente, são bem baixas. Os governos do PT se caracterizaram, ao longo dos seus primeiros mandatos lá atrás, por práticas de incremento de punição, e o que nós vemos agora, com a volta de Lula, enfim, algo que eu comemorei bastante, óbvio, não é querendo o que nós tínhamos antes, que era inexplicável, não é nada nesse sentido, não, mas acho que tem que ter a crítica. Acho importante a crítica, eu acho que tem que ter a crítica, até para não voltar a acontecer. Mas as minhas expectativas são baixas. O presidente Lula veio ao Rio de Janeiro, recentemente, num contexto de chacinas, de mortes, aumento de número de mortes de pessoas aqui, e ele disse que a polícia tem que aprender a separar trabalhador de bandido. Então, isso é assim, eu fico triste, abismada, indignada, com a reprodução disso, que já se fazia, quer dizer, a política de drogas que nós temos hoje, a lei de drogas que nós temos hoje, foi aprovada num governo petista, e foi toda encaminhada pelo PT. Então, são baixas nesse sentido, embora eu entenda que é diferente do que nós tivemos nos últimos quatro anos. Pelo menos é um governo que tem que ter a crítica, e que essa crítica tem alguma possibilidade de reverberar, diferente do que tivemos antes.

Por outro lado, e você me pergunta em relação ao Rio e Salvador, eu acho que são governos que, em tese, são bastante distintos, quer dizer, de um lado, um governo petista, do outro, um governador que é bolsonarista, de extrema direita, enfim, Cláudio Castro, mas, por outro lado, são os dois estados que têm as polícias que mais matam. A Bahia, em primeiro lugar, que ganhou esse posto terrível, ano passado, e o Rio de Janeiro, são as duas polícias que mais matam no Brasil, então, é pra nós pensarmos. O governo do PT na Bahia já tem quinze anos, muitos e muitos mandatos. O governo que nós tivemos antes, o de Rui Costa, antes de Jerônimo agora, foi um governo que se caracterizou por um recrudescimento punitivo muito forte. O número de pessoas mortas aumentou muito, nós tivemos falas muito complicadas, pra dizer o mínimo, pra não dizer extremamente violentas, do governador, como, por exemplo, frente à chacina do Cabula, que foi a maior chacina de Salvador, enfim, uma coisa bárbara, produzida por policiais, nós tivemos o governador dizendo que é como um artilheiro na frente do gol, frente ao que estava acontecendo. Então, assim, em relação a isso, eu vou até remeter um trabalho que eu participei, uma pesquisa que eu participei com o Grupo Clandestino de Estudos em Controle, Cidade e Prisões, que é um grupo que eu integro, faço parte, nós fizemos uma pesquisa sobre os discursos punitivos nas eleições de 2018, porque a punição estava ali, estava na roda, seja pelo candidato de extrema-direita que estava liderando as pesquisas, especialmente depois que Lula foi impedido de concorrer. E um dos artigos, que foi escrito por dois companheiros, Daniel Fernandes e Lucas Matos, discute justamente esses encontros e desencontros da esquerda com a punição, e como isso é histórico, não é de agora, desde o século XIX. Isso é uma questão que a esquerda tem muita dificuldade de enfrentar, a esquerda institucional, principalmente, mas não só, tem muita dificuldade de enfrentar esse tema, é um tema que não é devidamente enfrentado, e como eu disse na minha fala inicial, enquanto não for enfrentado, mesmo essa democracia no capitalismo, que já é limitada por si, aqui vai ser assim, ela é impossível de efetivação se nós não problematizarmos, não pensarmos sobre essas questões.

MM: Glauciene, quais são as tuas expectativas em relação à reversão, à amenização dessa onda punitivista sob o terceiro governo Lula e sob o governo estadual de Raquel Lyra em Pernambuco?

GF: Eu concordo com a fala da Ana Luísa. Não vou ser repetitiva, mas é uma análise muito acertada sobre a esquerda brasileira em relação à punição, E concordo novamente que o que nós tivemos anteriormente não tem nem nome a ser dado. Mas pensando no cenário nacional e no cenário local, no qual nós temos o Juntos pela Segurança, que me parece uma reedição do Pacto pela Vida – um plano que ainda não foi apresentado, não tem estrutura, não tem nada escrito – eu acredito que a expectativa, o cenário, é de luta, é realmente de enfrentamento a essas narrativas, a essas políticas, a essas discussões punitivistas. Eu acho que o cenário é esse, é de luta, é de combate. Nós vemos que, onde impera a punição, não se têm direitos, é uma balança desigual, quanto mais punição nós temos, menos direitos as pessoas têm acesso. Nós precisamos estar na luta para inverter essa lógica, para que o direito esteja acima, a garantia de direitos, a participação, a democracia, para diminuirmos o número de grades de encarceramento. Então, eu acho que, nesse contexto, eu concordo com a Ana Luísa: a esquerda tem essa visão ainda muito punitivista, nós não vemos grandes diferenças em relação a governos de direita, mas eu acho que o nosso papel enquanto sociedade, enquanto pesquisadoras, enquanto universidade, enquanto militantes, é realmente estar nos debates, ir para a luta, ir para a disputa, porque é um tema muito caro, necessário, e é um tema atual, e nós precisamos dizer ao nosso lado, que precisamos estar nessa luta por menos grades e mais direitos.

MM: Clara, ficou para você o papel de encerrar essa roda de diálogo, com as suas expectativas em relação à mudança desse cenário punitivista.

CA: Eu me sinto muito contemplada pelas falas de Ana Luísa e de Glauciene. Eu acho que, muito embora tenhamos um governo agora no cenário nacional, ainda punitivista, não tem nem o que se falar, não tem como se comparar com o que tivemos anteriormente. Essa pauta do desencarceramento é muito difícil de ser enfrentada, e nós temos um Congresso extremamente punitivista, nós temos as bancadas do boi, da bala e da bíblia, que tornam tudo ainda mais penoso para nós que estamos tentando pautar o desencarceramento.

Então, assim como a Glauciene, eu acredito que nós temos uma perspectiva de muita luta e de muita produção e de mostrar, realmente, enquanto pesquisadoras, enquanto pessoas que enxergam as consequências do cárcere na nossa sociedade, que nos cabe lutar e mostrar isso para as outras pessoas, tentando fazer com que elas percebam que aumentar a quantidade de presídios, que aumentar a quantidade de tipos penais, aumentar o punitivismo em si, no geral, aumentar o discurso punitivo, não adianta, não é eficaz. Nós temos aqui, em Pernambuco, o Complexo do Curado, que já foi falado aqui. Nós temos uma condenação do Estado brasileiro, por conta do Complexo do Curado, temos uma governadora que pouco fala sobre isso, que em nenhum momento, durante a sua campanha, falou sobre isso, até porque ela era delegada, então ela estava nesse campo da segurança pública, mas que segurança pública é essa?

Então nós precisamos questionar, nós precisamos ter voz ativa para questionar que segurança pública é essa, quem essa segurança pública atende, e acho que essa postura é combativa mesmo, é uma perspectiva de estudar cada vez mais, desenvolver cada vez mais, e nós que somos do Direito, onde tem muito isso do lastro probatório, e das provas do que nós podemos mostrar de concreto, provando que o sistema de justiça criminal não está cumprindo com a sua função, como eu já falei, na verdade está cumprindo com as suas funções veladas, com aquelas funções de segregação, com as funções de punição de determinados corpos, corpos negros, corpos periféricos, corpos pobres. Então, eu acho que é realmente uma postura combativa que nós precisamos ter agora e de luta, como Glauciene falou, e como a Ana Luísa disse, nós temos um espaço maior para discutir agora, no cenário nacional, nós podemos criticar e nós podemos ser ouvidas dentro desse contexto, mas mesmo assim, nós precisamos estar ali criticando, nós precisamos estar ali combatendo, nós precisamos estar ali dizendo que o desencarceramento é necessário – esse é o único caminho que nós temos.

MM: Muito bem, eu gostaria de finalizar essa roda de diálogo respondendo à pergunta que eu fiz a vocês, dizendo que, na condição de pessimista da razão, enquanto houver Ana Luísa, Glauciene e Clara, haverá esperança. E a esperança se constrói na luta.

SOBRE AS AUTORAS E OS AUTORES

Ana Luísa Barreto

Doutora em Direito Penal pela Universidade Estadual do Rio de Janeiro – UERJ (2024). Mestra em Direito pela Universidade Federal do Rio de Janeiro – UFRJ (2017). Graduada em Direito pela Universidade Federal da Bahia - UFBA (2014). Integra o Grupo Clandestino de Estudos Controle, Cidade e Prisões e o Grupo de Pesquisa Criminologia e Histórias do Contemporâneo. Além disso, integra o Laboratório de Crítica e Alternativas à Prisão (LABCAP) e o Instituto Baiano de Direito Processual Penal (IBADPP). É professora de Ciências Criminais da Unifeso (Centro Universitário Serra dos Órgãos). Atua também como advogada.

Cecília Coimbra

Psicóloga, historiadora, fundadora do Grupo Tortura Nunca Mais/RJ e professora adjunta aposentada da Universidade Federal Fluminense (UFF). Militante do Partido Comunista Brasileiro (PCB), foi presa em 1970, durante sua graduação em Psicologia, no DOI-CODI, no Rio de Janeiro, onde sofreu diversas torturas. Em 1985, participou da fundação do Grupo Tortura Nunca Mais/RJ (GTNM/RJ), criado por ex-presos políticos que, como ela, foram atingidos pelas torturas durante a ditadura empresarial-militar, além de familiares de mortos e desaparecidos desse período. O grupo se consolidou como uma referência nacional na defesa dos direitos humanos, na busca pelo esclarecimento das circunstâncias de mortes e desaparecimentos de militantes políticos e na exigência de afastamento de cargos públicos daqueles envolvidos em práticas de tortura, entre outras pautas.

Clara Albuquerque

Advogada Criminalista. Formada em Direito pela Universidade Federal de Pernambuco. Pesquisadora de iniciação científica pela FACEPE entre 2023 e 2024. Integrante da Liga de Ciências Criminas da UFPE - UFPECrim.

Glauciene Farias

Graduada, Mestra e Doutoranda em Serviço Social pela UFPE. Especialista em Famílias e Intervenções Psicossociais. Assistente social da Fundação de Atendimento Socioeducativo – FUNASE e, atualmente, coordenadora do Serviço Social da instituição. Desenvolve estudos nas áreas de infância e juventude, com destaque para a justiça juvenil, bem como sobre o sistema prisional, com ênfase nas estratégias de criminalização da pobreza.

Marco Mondaini

Graduado em História pela Universidade Federal do Rio de Janeiro (1990), Mestrado em História Econômica pela Universidade de São Paulo (1995), Doutorado em Serviço Social pela Universidade Federal do Rio de Janeiro (1998), com pesquisas feitas no Instituto Gramsci de Roma/Itália (1997), Pós-Doutorado no Departamento de Teoria e História dos

Direitos Humanos da Universidade de Florença/Itália (2009) e Estágio Sênior no Centro de Estudos Africanos da Universidade Eduardo Mondlane/Moçambique (2013/2014). Desde 2020, é Professor Titular do Departamento de Serviço Social da Universidade Federal de Pernambuco (UFPE), instituição a qual passou a estar vinculado com dedicação exclusiva, em 2004. Coordena e apresenta o programa semanal de entrevistas e debates intitulado Trilhas da Democracia, veiculado, desde 2019, pela TV247, TVT e Rádio Brasil de Fato. Pela Editora Alameda, publicou *A invenção da democracia como valor universal.* Enrico Berlinguer e o comunismo democrático italiano (2022) e *Sistema prisional: o labirinto da punição.* Reeducação falha e controle social da pobreza (2024).

Marilia Montenegro

Mestre em Direito pela Universidade Federal de Pernambuco (UFPE), Doutora em Direito pela Universidade Federal de Santa Catarina (UFSC) e Pós-doutora em Direito pela Universidade Estadual do Rio de Janeiro (UERJ). Professora de Direito Penal e Criminologia da Universidade Federal de Pernambuco (UFPE) e da Universidade Católica de Pernambuco (UNICAP). Líder do Grupo Asa Branca Criminologia.

Raúl Zaffaroni

Jurista e magistrado argentino, foi ministro da Suprema Corte Argentina de 2003 a 2014 e, desde 2015, é juiz da Corte Interamericana de Direitos Humanos. Professor emérito e diretor do Departamento de Direito Penal e Criminologia da Universidade de Buenos Aires, é também doutor *honoris causa* pela Universidade do Estado do Rio de Janeiro, pela

Universidade Federal do Ceará, pela Universidade Católica de Brasília e pelo Centro Universitário FIEO. É vice-presidente da Associação Internacional de Direito Penal. Autor de incontáveis artigos e livros, entre os quais: *O inimigo no direito penal* (Rio de Janeiro: Revan, 2007 – Coleção Pensamento Criminológico).

Vera Andrade

Professora titular de Criminologia da Universidade Federal de Santa Catarina; Pós-Doutora em Direito Penal e Criminologia pela Universidade de Buenos Aires e pela Universidade Federal do Paraná; Mestre e Doutora em Direito pelo Programa de Pós-graduação em Direito da Universidade Federal de Santa Catarina; Bacharel em Ciências Jurídicas e Sociais pela Universidade Federal de Santa Maria; Professora da Escola da Magistratura do Estado de Santa Catarina. Professora e palestrante convidada de várias instituições de graduação e pós-graduacão no Brasil. Autora de várias publicações nacionais e internacionais entre as quais as obras: *A Ilusão de Segurança Jurídica*: o controle penal para além da desilusão; *Sistema penal máximo x cidadania mínima*; *Pelas mãos da Criminologia*: o controle penal para além da (des) ilusão. Suas principais linhas de pesquisa são: criminologia, políticas criminais, controle social e punitivo, sistemas de justiça penal e segurança pública, cidadania e direitos humanos, justiça e justiça restaurativa. Coordenadora do Projeto nacional Pilotando a Justiça restaurativa: o papel do poder judiciário. Mediadora e facilitadora de práticas restaurativas.

Vera Malaguti

Bacharel em Ciências Políticas e Sociais pela Pontifícia Universidade Católica do Rio de Janeiro (1981); Licenciada em Sociologia com ênfase em Metodologia pela Universidad Nacional Autónoma de Heredia (Costa Rica, 1980); Mestre em História Social pela Universidade Federal Fluminense (1997); Doutora (2003) e Pós-Doutora (2009) em Saúde Coletiva pelo Instituto de Medicina Social (IMS) da Universidade do Estado do Rio de Janeiro. Professora Associada de Criminologia da Faculdade de Direito da UERJ; Professora Convidada do Curso de Pós-Graduação em Criminologia do IBCCRIM/SP; Secretária-Executiva do Instituto Carioca de Criminologia. Associada Sênior do Istituto di Studi Penalistici "Alimena" – ISPA - Centro di ricerca interdipartimentale – Università della Calabria. Membro da Comisión Académica de la Carrera de Maestría en Derecho Penal - Universidad Nacional de Rosario - Argentina. Possui inúmeras publicações nacionais e internacionais, entre as quais, os livros: *Difíceis ganhos fáceis:* drogas e juventude pobre no Rio de Janeiro (Rio de Janeiro: Freitas Bastos, 1998); *Introdução Crítica à Criminologia Brasileira* (Rio de Janeiro: Revan, 2011); *Sem Polícia* (São Paulo: Tirant lo Blanch, 2024).

Alameda nas redes sociais:

Site: www.alamedaeditorial.com.br
Facebook.com/alamedaeditorial/
Twitter.com/editoraalameda
Instagram.com/editora_alameda/

Esta obra foi impressa em São Paulo no outono de 2025. No texto foi utilizada a fonte Minion Pro em corpo 10,5 e entrelinha de 14,7 pontos.